特別養子縁組からはじまる家族のカタチ

ちいさな 大きな たからもの

瀬奈じゅん
千田真司

方丈社

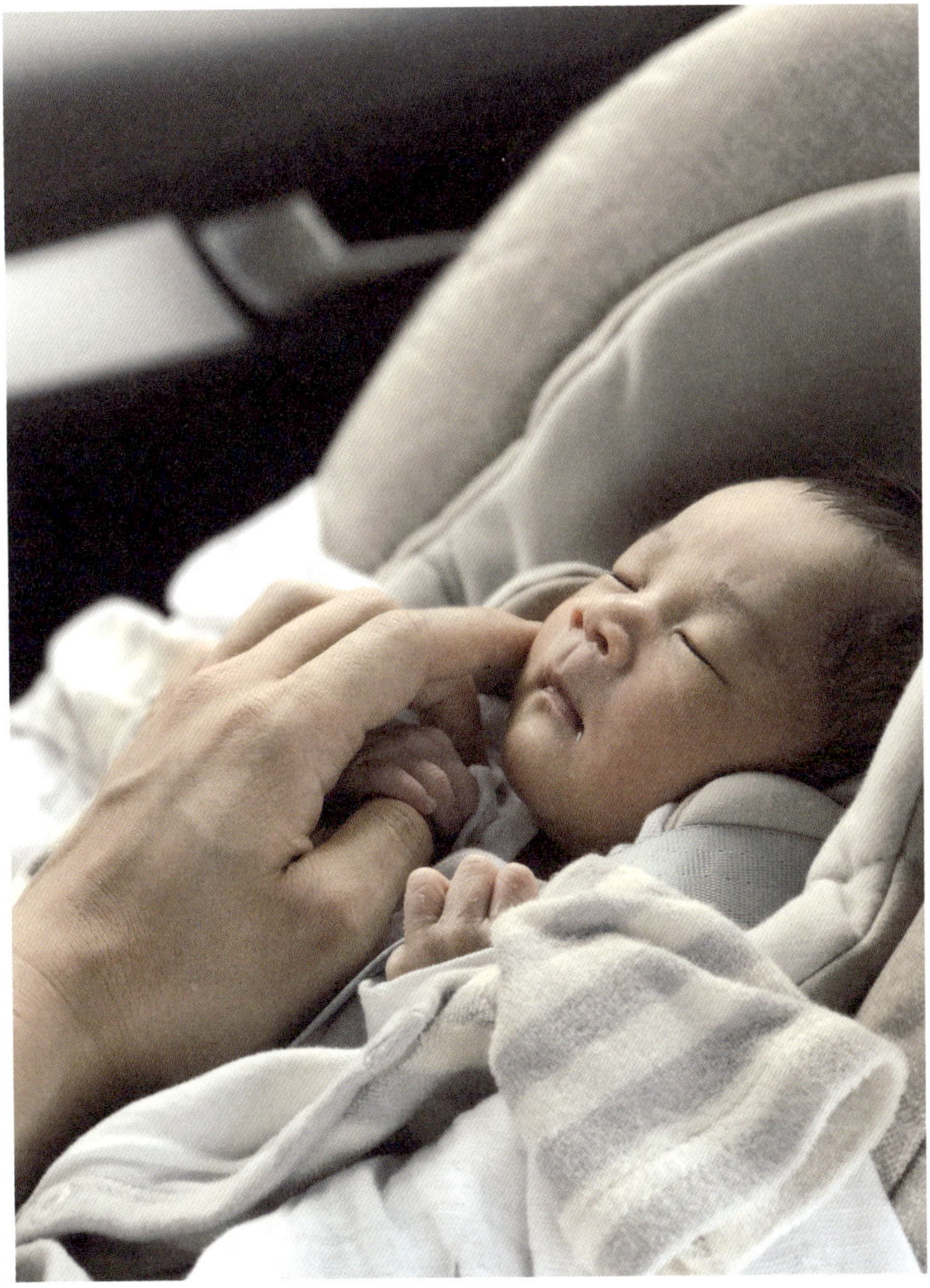

はじめまして、パパとママだよ。さぁ、一緒にお家に帰ろう。
―― お迎え当日

ブランシュと菊に
見守られてスヤスヤ。
—— 生後20日頃

まるで社長のような貫禄。
—— 3カ月

最高の笑顔のムチムチマン。
—— 5カ月

テレビの「お母さんといっしょ」
に夢中。—— 6カ月

はじめてのカフェ。少し気取ってる？ —— 6カ月

毎日つけた育児ノート。
振り返るとただただ必死だった日々。

世界に一つだけのテーブル完成!

あなたの産声。5日後にちゃんとパパとママに届いたよ。

お片付け上手なのはママに似たかな?

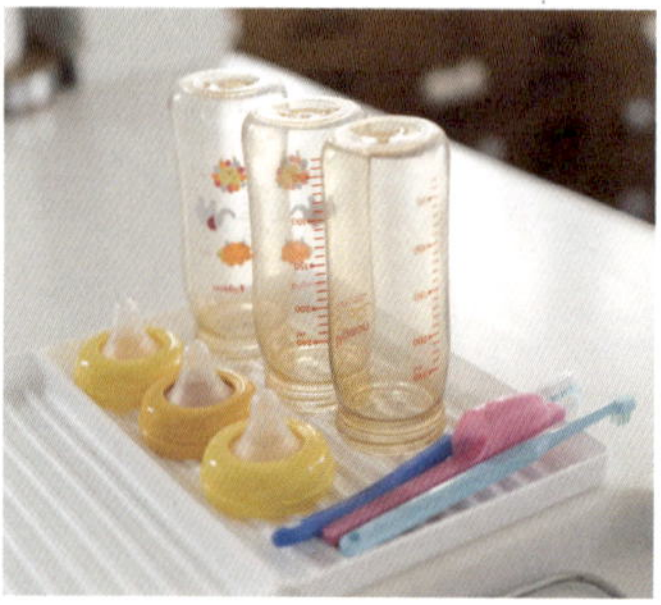

哺乳瓶を飲んでる姿、なんだか懐かしい。

好きなオモチャが男の子らしくなってきたね。

眠いときは
大好きなタオルも一緒。

ママのおひざは特等席!

さぁ、お散歩に
出かけよう。

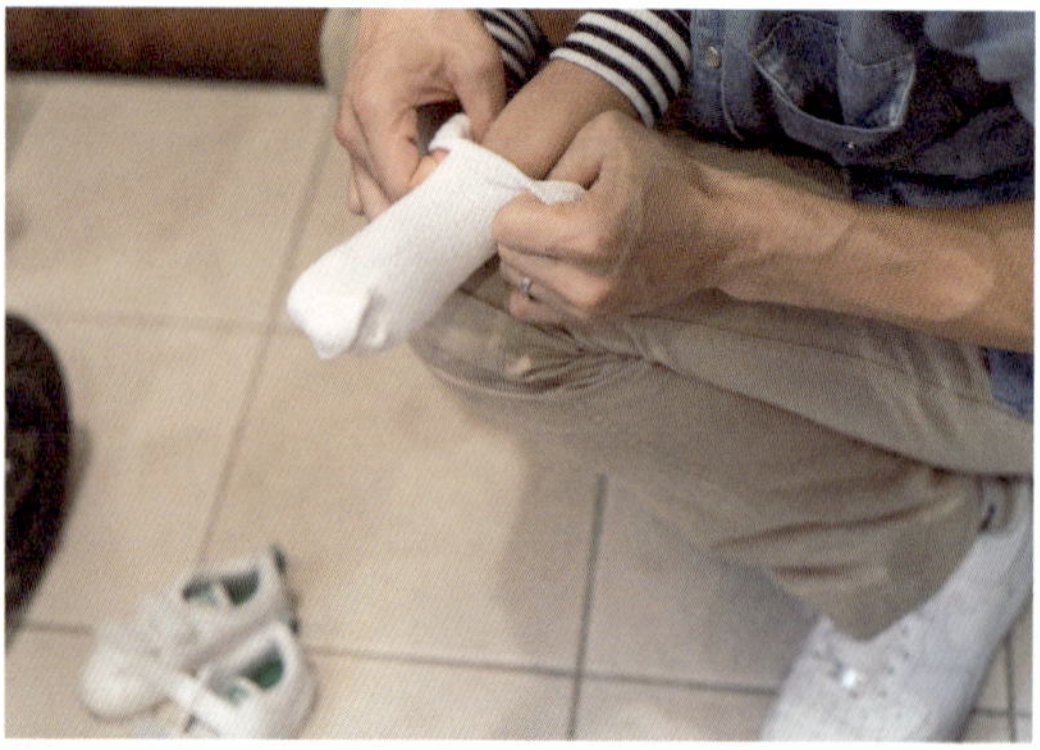

ちいさな背中、
ちいさな影。
並んで歩く散歩道。

お話をいっぱい
しながら。

買い物のお手伝い、
ありがとう。

自転車に乗るの、大好き!

パパにもあーん。

あなたがいるだけで夢のような毎日だよ。

プロローグ　はじめてあなたを両手に抱いた日

「ミルクをうまく飲めないみたいです。レクチャーしたいので30分ほど早めに来ていただけますか？」

初夏の晴れた日、私は母と二人で産院へと車を走らせていました。これから、わが子となる赤ちゃんを迎えに行くのです。夫は舞台の千秋楽を終えて、大阪から直行しています。

車の中では、興奮する気持ちを抑えきれず、ずっと母に話しかけていました。

「どんな顔をしているかな？　きっとかわいいよね。どんな顔でも、かわいいよね」

「でも、ミルクを上手に飲めないんだって。ふふふ、何だかかわいいね」

想像がふくらみます。

その5日前、ひとつの命が誕生しました。知らせを受けたとき、私を取り巻く世界は一瞬にして変わりました。迎え入れる準備を整えた部屋。その窓辺を照らす光の色が、今まで見たことのないような、やわらかな色に変化したのです。

かつて、同じ窓辺から降り注ぐ光の、その刺すような鋭さに、いたたまれなくなった時期がありました。ソファにもたれて動けないまま、ずっと天井をながめている時間。出口の見えない不妊治療は、まるでトンネルの闇の中を歩き続けるような日々でした。心はいつも暗くて深いところに沈んでいました。だから、窓辺の光にすら痛みを感じたのかもしれません。

でも、新しい命は生まれました。
待ちに待った命。私たちの家族です。
どんな命も平等で尊いけれど、私を包み込む光のやわらかさが、私たち夫婦にとって、特別にかわいい子の誕生を祝福していました。

プロローグ
はじめてあなたを両手に抱いた日

産院に到着し、駐車場で夫と特別養子縁組民間あっせん団体の担当の方と合流しました。ここに至るまでずっとお世話になっている方です。

「では、行きましょうか」

迎えにきたのだから、当たり前ですが、「もう行くの?」とドキドキします。産院のスタッフの方も、にこやかな笑顔でやさしく迎え入れてくれます。個室に通されて、夫は書類の説明を受けていました。

そこに、カラカラと小さいタイヤの音を立てて、新生児ベッドにすっぽり収まった赤ちゃんがやってきました——。


「かわいい!」

生まれて5日の赤ちゃん。想像したよりもちいさいけれど、それでも力づよい命のエネルギーを体中から発していました。

「やっと会えたね」

胸をいっぱいにしながら、語りかけました。

私たちに託された赤ちゃんは、産みのお母さんとは離ればなれになった男の子です。このちいさな体で、大きな運命を背負いながらも、私たちに輝くような希望を運んできてくれました。

腕に伝わるちいさなぬくもりに、愛おしさがあふれます。

このたからものを守っていこう。

はじめて赤ちゃんを両手に抱いた日、私たち夫婦はそう心に誓いました。


どんなご夫婦でも、待ち望んだお子さんが生まれたとき、同じように決意されることでしょう。ただ、特別養子縁組制度によって子どもを授かる私たちは、その決意を具体的に書面でも約束し、表明することが求められます。「大切に育てます」という私たちの覚悟を認めていただいて、迎えにきているのです。

私たちのたからもの。

何があってもあなたを守る。

腕の中の赤ちゃんに顔をそっと近づけて、もう一度、そう誓いました。

少し落ち着いてから、看護師さんが「ミルクを飲ませましょう」と哺乳瓶を持ってきてくれました。

「コツがいるんですよ。中指を使って、アゴをクイッと少し上げて、首を上げてあげないと、うまく飲めないみたいです」と、飲ませ方を教えてくれます。

生まれて数日の間、産院のスタッフの方が代わるがわる工夫して、飲ませてくれていたそうです。

「ではお母さん、あげてみてください」

「ああ、お母さんと呼ばれた」

うれしさが込み上げます。

哺乳瓶を小さな口に近づけてみました。何だか、大丈夫な気がします。

すると、やっぱり。

何のためらいもなく、普通に、ゴクゴクと私の手からミルクを飲んでくれたのです！

コツはなくても、大丈夫だったね。いい子だね。

いっしょうけんめいにミルクを飲んで生きようとしている赤ちゃんの、そのリズムを感じるうちに、自然に涙があふれてきました。

「お母さんを待っていたんだね」と、夫や母はもちろん、看護師さんも団体の方も、みなさん涙を流して喜んでくれました。

行きと同じ帰りの車。でもそこには待ち望んだ新しい家族がひとり加わりました。

夫と私と、ちいさな我が子。

「はじめまして、今日からあなたの、パパとママだよ」

「さあ、一緒にお家に帰ろう」

目次

第1章　不妊治療の始まり

第4章　特別養子縁組を決める

第5章 子育ては楽しい

第6章 &family..

本書は、瀬奈じゅんさん、千田真司さん、お二人の文章で構成されています。
上に罫線がないページは瀬奈さんの文章です。
上に罫線があるページは千田さんの文章です。

第１章

不妊治療の始まり

少女時代の夢をかなえて

母に連れられて、宝塚歌劇団の舞台には時折出かけていました。3歳からバレエを習い始めて、いつしかタカラジェンヌになることが、少女時代の私の夢になっていきました。16歳で宝塚音楽学校に合格できました。入学すると、東京を離れて大阪に住むことになりましたが、両親は迷いなく送り出してくれました。

当時はそれが普通だと思っていました。でも、両親はいまの私と同じくらいの年齢だったと思うと、「私を信じて、思い切ってくれたのだな」と、改めて感謝の気持ちでいっぱいになります。

宝塚歌劇団には、78期生として入団し、初めは花組に配属されました。ここでの13年間はまさに私の青春そのもの。宝塚の歴史に恥じない魅力的な舞台表現を目指して、仲間と共に励まし合った日々でした。

そして、２００５年には月組トップスターとして舞台に立つことができました。

第１章

不妊治療の始まり

私が初舞台を踏んだときから、「舞台初日を観る」と決めて、いつも宝塚劇場まで足を運んでくれたのが母でした。

母が観ていてくれる。いつもその安心感のなかで初日を迎えていましたが、『エリザベート』のトート役で出演した大切な舞台のとき、どうしても都合がつかず、母の姿はありませんでした。

「初日に母が観てくれないなんて」

自分がこんなにもショックを受けている、そのことに驚きました。

そうか、私は舞台を、ただひたすら自分のために続けてきたと思っていたけれど、母に喜んでほしくてがんばってきたのかもしれない。

遠くにいても、ずっと家族に見守られていたことに改めて気づいた瞬間でした。

34歳のとき、宝塚歌劇団を退団しました。私を育ててくれた宝塚での日々を糧に、引き続き舞台の道を歩むことになりました。

退団後の2作品目の出演となった舞台は、宝塚で私を成長させてくれた『エリザベート』。

そのエリザベート再演の２０１２年、名古屋公演の初日のことです。

楽屋で鈍いマナー音を立てる携帯。見ると、父から何件も着信履歴がありました。留守電にも「電話をしてくれ」とあせるような声……。

母に何かあったのかも。震える手で父に連絡すると、やはり母は病院でした。

「大動脈解離《だいどうみゃくかいり》、だそうだ。生死をさまよっている……」

すぐには声が出ませんでした。

「どうしよう、どうしたらいいの」

泣きながら父と話しましたが、私にはどうすることもできません。公演は初日を終えたばかりです。近くに行くことすらできないのです。

その夜はマネージャーに付き添ってもらい、なんとか宿に戻りました。

じつは、その舞台にはすでにお付き合いを始めていた夫も出演していました。彼がこの公演期間を支えてくれたから、務め上げることができたと思います。

幸いなことに、母は奇跡的に命を取り留めました。

倒れたのが、親しい友人と一緒にでかけた矢先でしたので、すぐに病院で処置ができたそうです。何の後遺症もなく回復してくれました。

今はすっかり元気になって、〝ばぁば〟としてがんばってくれています。

そして、このことがきっかけで、結婚の話も進みました。

出会ってひと月で結婚を意識

夫との出会いは私の退団後の初舞台でした。

月組トップという看板を背負った頃の私のことは知りません。そのせいか、気負わずに話ができました。一緒にいると自然な自分でいられます。ひと月も経たないうちに、お互い結婚を意識しました。

「結婚はいつでもできるね」と、そんなふうに思っていたけれど、母が倒れたことで、「いつ何が起きるかわからない」と考え直し、お互いの家に正式に挨拶をしました。

夫は10歳年下ですが、精神年齢は私よりうんと大人です。「優しくて誠実な人」、なんてありきたりなほめ言葉かもしれませんが、ほんとうに誰に対してもそうなので、とても信頼しています。結婚すると違う面に戸惑うこともあるのかな？　そんな想像も楽しんだけれど、ずっと誠実な人のままです。

母が倒れた夏の翌年の3月、私たちは伊勢の猿田彦神社で結婚式をあげました。そのとき私は38歳でした。

子どもを授かりたい

舞台の仕事の依頼は、だいたい2年先の公演です。結婚後も2年先まで仕事が決まっていました。

子どもを授かりたい。仕事も生活もそれに向けて切り替えよう。いま決まっている仕事を終えたら、しばらく仕事を休ませてほしいと、所属事務所と話をしました。

独身時代の私の生活は宝塚一色。舞台のことだけを考えて生きてきました。常識を知らずに生活していたつもりはありませんが、妊娠や出産の適齢期について、少しうとかったかもしれません。子どもを欲しいとも思わなかったのです。

35歳を過ぎると月経はあっても妊娠しづらくなる。そのことをわが身に置き替えてリアルに想像したこともありませんでした。


子どもを欲しいと思ったのは、夫と出会ってからです。

子どもと上手に接する彼を見ていると、一緒に子育てができたら楽しいだろうな、笑顔がいっぱいの家族になれるだろうな。そんな気持ちが湧き上がります。

こうして、子どもを授かることを真剣に考えるようになりましたが、私は数年前に卵巣手術をしていました。年齢のこともあります。授かることができるのかどうか、不安はありました。

それでも、「高齢出産になるけど、がんばれるかな」と、簡単ではなくても、赤ちゃんは何らかの形で授かると思っていたのです。

お休み前の最後の公演は帝国劇場。その公演が終わりに近づいた頃、妊娠できる体調に整えるために、産婦人科で一度診てもらうことにしました。

「体外受精のほうがよいでしょう」

初めは総合病院の産婦人科を訪ねました。夫と一緒に何度か通院して調べてもらったところ、やはり病歴や年齢を考えると「自然に任せるより、体外受精をしたほうがよいでしょう」と医師から提案されました。

不妊治療の代表的な治療には、「タイミング法」、そして「人工授精」「体外受精」などがあります。

人工授精は、排卵日に精子を人工的に子宮内や卵管内に入れて、受精の可能性を上げてあげる方法です。自然な妊娠に近いといわれています。

一方、体外受精は卵子を一度体から取り出します。それと精子をシャーレの中で受精させ、発育が始まったのを確認してから、子宮内に戻すという方法です。

卵子を発育させ、排卵を促すために、ホルモン注射を打ったり、薬を飲んだりします。そのために、何度も通院しなくてはなりません。まだ仕事は残っているけれど、あまりのんびりもできない気がして、さっそく体外受精の準備を始めることにしました。

まずは改めて卵子を検査します。卵巣から卵子を採取するために、痛い針を通さなくてはなりません。卵子の育ちをコントロールするホルモン治療も、体がだるくなり、見た目にもむくみが出たりします。

大きな舞台の仕事は終わっていましたが、コンサートの出演を控えていました。頻繁に通院し、注射を打ちながら稽古をするのは、思ったよりもたいへんで、時間の調整もストレスでした。薬の副作用で顔がすっかりむくみ、コンサートもそのまん丸な顔のままの出演になりました。

いったん不妊治療のレールに乗ると、薬にコントロールされているような、自分の体が自分のものではなくなっていくような感覚がありました。

注射の跡が気になり始める

病院には、同じ時間に毎日通わなくてはなりません。がんばって通って注射を打って発育の経過を診てもらいます。

でもだいたい、「卵子が十分に育っていないので採れません」とか、「排卵してしまったので次回になります」など、ため息が出るような言葉ばかり。

せめてもの気分転換に、病院の帰りにはいつも、近くにあるおいしいと評判のお土産を買って帰りました。一つでも楽しみをつくって、また次に向かって気持ちをあげていくためです。

精子と卵子で2つの胚盤胞《はいばんほう》（受精卵が分裂して発育した状態）になると、1つは保存して、もうひとつは体内に入れます。着床に至らなければ、1カ月休んで、また次の胚盤胞を育てます。

予約時間が仕事と重なることもあり、終わったらすぐ稽古場からタクシーに乗って注射を打ちに行ったことも何度かありました。

期待をかけて挑んだ1回目の体外受精は実を結びませんでした。1回でうまくいくわけはないけれど、不安になります。

成功しなかった場合、すぐ次の体外受精ができるわけではありません。一定の間をあけて、まずは卵子を育てていくところからやり直しです。

腕の注射跡が増えるのも気になります。それでも私たちは何とか気を取り直して2回目に挑みました。

妊娠検査薬を何本も

総合病院での体外受精2回目のときです。

はじめて妊娠検査薬でうっすらとよいサインが見えました。

「もしかしたら！」

胸が高鳴りました。

うれしさと不安で、スティック状の妊娠検査薬を5本も6本も使ってしまいました。

しかし、そのうち、さっきまで見えていたサインは消えていきました。

かすかな期待をかけて病院に行きましたが、うまく着床しなかったという結果を聞き、帰りの車の中では、堰《せき》を切ったように涙がこぼれてきました。

それでも、今ここであきらめるわけにはいきません。

よく、不妊治療をあきらめたとたん、自然妊娠したというエピソードも聞きます。でも私は自分の体のことも年齢のこともよくわかっています。治療を受けずに自然に授かるのを待つということは、現実的な方法ではありません。がんばるしかないのです。

正味2回の体外受精のために、半年を費やしました。だんだんあせる気持ちも出てきます。この総合病院は、自宅から少し離れていたこともあり、もっと確率が高そうな、別の病院に転院しよう。そう決めました。

一般の産婦人科ではなく、体外受精専門の病院です。インターネットにも、たくさんの人がここで成功していることが書きこまれていました。

「ここならうまくいくかもしれない」。かすかな期待に心を奮い立たせました。

500人が訪れる体外受精専門病院

総合病院の待合室には、妊娠している方もいれば、お子さんを連れた方もいます。ちいさな赤ちゃんとお母さんを見ていると、素敵だなあと思いつつ、だんだんうらやましくもなります。

通院し始めた頃は「まだこれから」という希望がありましたが、次第に待合室で座っているのがつらくなっていったのを覚えています。

一方、新しい病院は体外受精専門でしたので、みなさん同じ境遇です。以前のようなつらさはありません。

でも、また別の意味でつらい、ショッキングな待合室でもありました。

ここでは、卵子を採取するときの痛みを軽くしてくれる、特別な針を使用します。痛みはゼロではありませんが、少しでも苦痛が減るのはありがたいことでした。

それはみなさん同じなので、初診の予約も取りづらいほどの人気です。1日に500人以上もの人が診療に訪れます。朝は100人ほどの人が列を成し、待合室は常にたくさんの人がひしめき合っています。評判を聞きつけた外国からの患者さんもいました。検査や処置はそれぞれの階に分かれていて、そこへ次から次へと人が流れていきます。

「こんなにたくさんの人が……」はじめて見る光景に、戸惑いました。でも、これだけ多くの人たちもがんばっているのだから、私もがんばろう。

可能性はゼロではないのだから、それに賭けてみよう。そう自分に言い聞かせました。

気が楽、と思えたのは

朝、コーヒーショップで朝食を食べ、病院で受付をして、採血のフロアに行って、その結果を待つ。次の検査、処置。先生に相談したいことがあっても、診療時間が短いので、何も聞けないまま終わります。でもなぜか、1回の診療でトータル3時間はかかりました。

待ち時間が長いのです。

前の病院のときは話しやすい雰囲気があり、精神的なフォローもあった気がしますが、ここではそういったことはありません。診療日ごとに先生も変わります。私たち夫婦の経過も、先生にとってはそのつど初見になるので、相談するという雰囲気にはなりませんでした。

でもそのうち、「このほうが、気が楽だな」と思うようになりました。

ひたすら目的に向けた処置を受けているほうが、楽なのです。心の悩みを相談することで妊娠できるわけでもありません。深い話になると、年齢のことなど、触れてほしくないことに触れられても、自分が傷ついてしまうだけです。

もし妊娠しても、ここで出産するわけではありませんから、そんなにコミュニケーションをとる必要もないわけです。

今思えば、そんなふうに思うこと自体、すでに心が疲れていたのだと思います。

病院から外に出ると、不妊に効く鍼《はり》やマッサージや整体などの治療院もたくさん並んでいて、複雑な気持ちになりました。子どもを授かるためなら、みんなどんなことでも試してみたくなるでしょう。

私も同じ気持ちです。子どもがほしい。頑張ればいつか授かるにちがいない。ただそう願い、治療に励んでいるのです。

でもそのいつかは、いつ訪れるのだろう。

私はいつまで頑張ればいいのだろう。

答えも出口も見えないままの通院でした。

心も体も経済的にもすり減っていく

この病院は、体外受精については、これ以上はない治療をしてくれます。でも、全員がうまくいくわけではありません。

泣きながら診察室から出てくる方もいます。そうかと思えば、喜びを抑えきれないという表情の方も。「この待合室でうれしそうな顔をしてはいけない」という配慮かもしれません。

いろいろな感情が渦巻く待合室。私の心も揺さぶられます。座っているだけで心がすり減ってきます。

体外受精は1回あたり、病院によって異なりますが、30万円から50万円の費用が必要です。採卵で卵子が採れた場合と採れなかった場合とで、費用が異なりますし、採卵、移植と段階を追うごとに、それぞれの処置に費用がかかります。

病院に払う治療費以外にも、仕事の途中で移動するようなときはタクシーを使ったり、駐車場に車を止めたり、妊活によいと思うようなものを買い求めたり、経済的な負担はどんどん増えていきます。

体外受精には国からの援助もあり、それも2回ほど申請しましたが、多くを賄ってくれるわけではありません。

体調もボロボロです。薬の副作用でだるくなる、体がむくむ。消えない注射跡はますます増えていきます。

誰にも会いたくないから、家にこもりがちになり、ストレス発散のために出かける、という気にもなりません。そもそも予定が立てられないのです。

排卵する前のよく育った状態の卵子を採るためにギリギリまで育てます。今日がいいか、明日がいいか、確認するために、毎日通うこともあります。タイミングを逃して排卵してしまうと、また卵子を採るために出なおします。

不妊治療だけに縛られるのはイヤだけど、治療以外のことに目を向ける気持ちにもなれませんでした。

そんなときでも、夫は寄り添ってくれていました。病院にもほぼ同行してくれました。私が不安定でも、どっしりと構えて、少しでも気がまぎれるように、「木曜日はボードゲームの日にしよう」と、近くの家に住む母も誘って、私の笑顔を引き出そうとしてくれました。

あなたの子どもが欲しいのに

ある日、転院先での診療を終えて、夫と車で帰宅途中、高速道路を降りた頃だったでしょうか、さりげなく、でも思い切ったように彼が言いました。

「特別養子縁組という方法もあるんじゃないかな」と。

そのとき、特別養子縁組がどのようなものなのか、私は何も知りませんでした。でも、「養子」という思いがけない言葉を聞いて、「あなたの子どもが欲しいから、私はがんばっているのに！」と、思わず心の中で声を張り上げていました。

このとき私は「ありがとう。じゃあ考えてみる」とだけ伝えたつもりでしたが、夫の記憶では、心の中にとどめていたはずの先ほどの言葉を、口に出してぶつけてしまっていたそうです。

言ってはいけない言葉だと、ぐっと我慢したつもりでしたが、心の中ではやはり、自分の気持ちを夫に知ってもらいたかったのだと思います。

転院して治療を始めたばかりです。どれだけ長く続くのかわかりませんでしたが、やはり期待もありました。

なぜそんなことを言うの？

とっさにそう思ったことを覚えています。

でも、夫から、「血のつながりがなくても家族になれるんじゃないかな」という思いがけない言葉を聞いたことで、そのときはじめて私の中に、自分に対する問いかけが生まれました。

これまでもどちらが年上かわからなくなるくらい、夫の意見は頼りになりました。私たちにとってマイナスになることを言いだすことはなかったのです。そんな彼からの提案。改めて自分に問いかけました。

私は妊娠したいの？　自分の子どもが欲しいの？　それとも子どもを育てたいの？

第２章

夫にできること

明るい気持ちになれるよう

夫婦で同じものを見ていて、同じことを経験しているように思えても、あとで振り返ってみると、お互いに異なる面を見ていた、ということはたくさんあるような気がします。

不妊治療についても、できるだけ二人で一緒に病院に行くようにはしていましたが、妻が飲んでいる薬が、具体的にどのような作用があってどのような副作用があるのか、きちんと理解してフォローできていたか、今振り返ってみると、あまり自信はありません。

かといって、あまりにも一体化して相手の起伏に揺られてしまっては、二人とも暗い気持ちになるばかりです。

僕にできることは、妻が少しでも明るい気持ちになれるように、週に1回は義母たちも交えてボードゲームを楽しむことくらいでした。妻も楽しんでいる様子でしたが、どこまで気持ちの切り替えができていたのかはわかりません。笑っていても、その笑顔の下では、不妊治療のことが頭から離れないのは明白でした。

病院の帰りには、近くのお店でおいしいものを買って帰る。そんなささやかな楽しみを見つけながら、少しでも重い気持ちをまぎらわせることができたら、そう思っていました。

それが、妻から見れば「どっしりと構えてくれている」という安心感だったようですが、正直に言って、本当の意味で寄り添えていたか、心もとない気がします。

不妊の検査と数回の体外受精では、着床までしても育たない不育症のようでしたが、確定的な原因があると告げられたわけでもなく、何をどう改善すればよいのか、男の側には何もできないことが悔しくもありました。

とにかく、今日はだめだった、次は大丈夫かという、毎回ジャッジの連続でした。

もし卵子が育っていなかったら、病院に行っても「今日は採取できません」となります。仮にいい卵子が採取できても、いい精子が採取できるか、それがうまく受精できて、胚盤胞《はいばんほう》というところまで育つかどうかわかりません。

妻はいつも真っすぐ、がんばると決めたら突き進む人です。それが彼女の魅力ではありますが、強い薬を飲んで、痛い注射や処置をして、体に大きな負担をかけて、このまま不妊治療を続けていってよいものなのか、不安は募りました。

家に帰ると、心も体もつらそうな妻がいます。妊娠を目指してがんばっている。もちろん、僕も不妊治療の果てに出会える子どもがいるなら、会いたいという強い期待はありました。

けれど、妊娠することがゴールではない、そう思ってもいました。

特別養子縁組のことを伝えたら、少しは気を楽に持ってもらえるかもしれない。でもそれは、「不妊治療をやめよう」ということに等しいので、つらい話だと受け止められてしまうかもしれません。どう伝えようか悩みました。

病院の帰り道がつらい

不妊治療を始めて半年が過ぎた頃、はじめて特別養子縁組のことを話しました。その時点では、制度を詳しく調べたわけではありませんでしたが、とにかく「血のつながりはなくてもいいと思っている」という僕の思いを伝えるためでした。一生懸命がんばっている妻を悲しませないよう、誤解のないよう、どうにかして、「この治療がダメでも希望がなくなるわけではない」と、うまく伝えたかったのです。

切り出したのは、病院の帰り道です。

それまで、病院から帰るときには、心から明るい気持ちになったことはありませんでした。

体外受精の悪い結果を聞いた日は、それをしばらく引きずります。それでも、希望のある情報を探したり、気晴らしをしたり、無理にでも前を向く。そして、何とか次の治療までにモチベーションを上げて、「よし！」と挑むわけです。

しかし、次の治療でもよい結果を聞くことができず、またどん底に落とされる。その繰り返しでした。

迷い道のような、暗いトンネルのなかに入り込んでしまって、出口が見えないところを歩き続けているような……。

病院の帰り道の、そのつらさに、僕が耐えられなくなっていたのかもしれません。

でも「血のつながりはなくても家族にはなれる」「特別養子縁組という方法もいいのではないか」という気持ちは、確実にありました。

子どもとの接し方を学びたい

そう思えたのは、チャイルドマインダーの仕事の経験が大きかったと思います。

チャイルドマインダーは、イギリス由来の保育の資格です。資格を取れば、個人宅にベビーシッターとして訪問することもできます。

男性でこの資格を取る人はまだ少ないと思いますが、なぜ僕がチャイルドマインダーの資格を取ったのか。遡ると、妹の面倒をよくみていたことに始まります。

上に兄がいる3人きょうだいで育ちました。

下の妹が生まれたのは僕が5歳のときでした。親や周囲の人の話によると、僕はよほど妹の世話をやいていたらしく、「真司が育てたようなものだな」と、よく言われていました。

高校を卒業してからダンサーを目指して名古屋から上京し、ダンスの師匠に付いて修業の日々を送りました。

ダンサーの仕事は、舞台に出演するだけでなく、ダンス教室の講師などを務めることもあります。昨今はキッズダンス教室も盛んで、中学校ではダンスは必修です。僕も都内の中学校の外部講師として、ダンスの授業を受け持ったこともあります。

ダンスを通して子どもたちと接する機会が多いことから、単なる「子ども好き」というだけでなく、子どもとの接し方をしっかり学ぼうと思い、保育に関する資格を探しました。

国家資格の保育士も考えたけれど、舞台や教室と並行して学校には通えないので、仕事をしながらでも受講しやすい、この民間資格を取ることにしました。

育てられないと思う子はひとりもいない

資格を得てからは、２年間ほど舞台の合間に依頼主のお宅に訪問して、乳幼児のお世話をしていました。

赤ちゃんはどんなにたくさん泣いていても、泣きやむまで抱っこをします。すると、スーッと寝入ってくれる。その瞬間の姿がとても愛おしくなります。

この子たちには、もちろんお父さんもお母さんもいる。

けれども、もし、何かの事情で育ててくださいと託されたとしても、

「僕はきっと育てられるだろう」

そう思いました。

子どもは千差万別です。手のかからない子もいれば、駄々をこねだすと止まらない子もいます。でも「この子は苦手だから、育てるのは無理」などと思うような子はひとりもいません。

自分の子ども、他の人の子ども、というところに大きな溝はない気がしました。

僕たちの最初の目的は、子どもを授かって、家族としての日々を過ごすことでした。それを不妊治療で手助けしてもらおうと考えました。

でも、不妊治療を開始すると、それはやはり治療ですから、「妊娠して出産する」

という結果に集中すればするほど、視野が狭くなってしまうのです。そのゴールに向かって、狭い視野で区切られた道を歩くしかありません。だから、出口の見えないトンネルの中にいるような気がしてくるのです。

不妊治療を終えることはすなわち妊娠すること、でなければあきらめること。どちらにもたどり着けない毎日が繰り返されます。そのうち、妊娠というゴールは、どんどん遠ざかっていきます。それに気をとられるうちに、最初に持っていた家族をつくりたいという大きな夢が見えなくなってきます。

このまま治療を続けていけば、体力的にも精神的にもボロボロになって、子育てのためのお金も使い果たしてしまいます。

不妊治療が成功してお子さんを授かる方のほとんどは、幸せな子育てをなさっていると思います。しかし、中にはせっかく授かったお子さんを育てる段階になって、疲れ果てた結果、お子さんを手放したということもお聞きしたことがあります。そこまで切羽詰まってしまっては、何のために治療をしているのかわかりません。

だとしたら、ほんとうの目的に向かわなくてはいけない。すべてが空っぽになる前に。そう思うようになりました。

僕からの特別養子縁組の提案は1回限りにして、急かさないように、妻からの返事を待ちました。妻が返事をくれたのは、そこからまた半年経ってからでした。

特別養子縁組とは

子どもの福祉のために、特に必要があるとき、子どもとその実親側（生みの親）との法律上の親族関係を終了させて、実親子関係に準じる安定した養親子関係を家庭裁判所が成立させる縁組制度です。

特別養子縁組が成立すれば、戸籍も実子に準じ「長男」「長女」などと記入されます。子どもにパーマネンシー（永続性）を保障する、「永続的な家庭」を提供できることが大きなメリットです。２０１９年の法改正により、子どもの対象年齢は原則６歳未満から、原則15歳未満までに引き上げられました。

「特別養子縁組」と「普通養子縁組」

養子縁組には、普通養子縁組（一般養子縁組）と特別養子縁組の2つがあります。

普通養子縁組は養子が実親との親子関係を存続したまま、養親との親子関係を結ぶという二重の親子関係となる縁組です。

特別養子縁組は養子が戸籍上においても実親との親子関係を終了させて、養親が養子を実子と同じ扱いとする縁組です。

「特別養子縁組制度」と「里親制度」

特別養子縁組は民法に基づいた制度で、実親との法律上の親子関係を終了させ、養親との永続的な親子関係を結びます。一方、里親制度は児童福祉法に基づいた制度で、育てられない親の代わりに一定期間、家庭内で子どもを預かって養育します。里親と子どもに法的な親子関係はなく、実親が親権を持っています。里親には、里親手当や養育費が自治体から支給されます。

第３章

特別養子縁組を調べ始める

揺れつづける心

転院してからも、体外受精のスケジュールに支配される生活が続きました。

予定がない日は、ほとんど家にこもりきり。相変わらず誰にも会いたくありませんでした。ボーッとしているように見えて、心はめまぐるしく変化します。

「もう少しの辛抱かもしれない」

でも1時間もしないうちに、

「やっぱりもう無理だ」「いや、がんばったほうがいい」

やがては10分おきに行ったり来たり、揺れつづけました。

ソファに座って、自宅の天井ばかり見ていました。足元にフレンチブルドッグが2匹、心配そうに寝そべっています。

窓に取りつけた木製のシェード。パタパタと角度を変えると、光の注ぎ方がステージ照明みたいにきれいで、以前は気に入っていましたが、治療を始めてから気持ちが落ち込んでいるときには、光の加減が強すぎて、「これにするんじゃなかったな」と後悔しました。スマートフォンで見るのは、不妊治療のサイトや経験者のブログ、特に40歳を超えて妊娠できた方のブログ……。

転院先の病院も、初めは気が楽でしたが、徐々に暗い考えが頭をもたげ始めました。私は妊娠できるのだろうか……。

不妊治療を始めた頃は、彼と子どもと一緒に、家族になりたいという明確な思いがありました。

しかし、そのうち、妊娠というゴールだけを追い求める精神状態に追い込まれていきます。何が私にとってほんとうに大切なのだろう。私はいったいどうしたいのだろう。真剣に考え始めました。

社会的養護の現実を知る

夫の提案に意識が向いたのは、話を聞いてから半年後でした。それまでは、新しい病院の治療のことで頭がいっぱいの毎日。自分から調べる気力もありません。

でも、私の夢は子どもを育てること。他にも選択肢があるのなら、そこに向き合ってみたいと、ようやく思えてきたのです。

特別養子縁組の啓発サイトや民間団体のホームページ、特別養子縁組でお子さんを育てている方のブログも読みました。

その過程で、「社会的養護」という、それまでおぼろげにしか知らなかった現実を知りました。

親が育てられないお子さんは施設に入所してそこで生活する、ということは知ってはいました。

しかし、こうした「社会的養護」の子どもが、この日本に約4万5千人もいる——。驚きました。このうち、里親制度や養子縁組制度によって家庭で暮らすことができるのは、2割以下であること、8割以上の子どもたちが乳児院や児童養護施設で育っていることも知りました。日本では、ほかの先進国と比べて、施設で育つ子どもの割合がとても多いのだそうです。

愛着の絆を作ることの大切さ

乳児院や児童養護施設では衣食住は困らないでしょうし、保育士や心理士、社会福祉士など、子育てのプロの方も近くにいてくれるのでしょう。

しかし、いつも同じ人の腕に抱かれ、見守られ、欲求を満たしてもらうことで、子どもは大きな安らぎを覚え、その人との絆を結ぶのです。これを「愛着の形成」と呼ぶのだそうです。

特に赤ちゃんや幼児のようなちいさい子ほど、家庭のなかで特定の保護者からの愛情を受けて育つことが大切だということです。

私もかわいがられて育ったと思いますが、それが当たり前だと思っていました。でも、それを当たり前のように感じることは、とても幸せなことだったのです。

施設は集団での暮らしです。お世話をする職員の方が、途中で担当を代わってしまうということもあるとのことです。そんな環境で愛着形成がうまくいかないと、子どもが心の不調に陥ることもあるそうです。

しかし、やはりもっともショックを受けたのが、そういう境遇にある子どもが日本にはいま4万5千人もいるという事実でした。

その数の多さに驚きました。

そうか、特別養子縁組で一人の子どもを迎えることは、社会的養護となる事情を抱えた子どもが一人、家庭で暮らせるようになるということか。

たった一人だけど、この数字を減らすことができるんだ。

私の中で何かが目覚めました。

乳児院に入っているお子さんは、産みのお母さんとの別れを経験し、そのまま乳児院で育つことになります。

その後、3歳近くになると、乳児院から離れて児童養護施設に移行します。せっかく懐いた職員さんとも離れることになります。3歳くらいまでのもっとも甘えたい時期に、何度もお別れを経験することになってしまうのです。

でも、赤ちゃんのうちに特別養子縁組で家庭に迎えられたら、つらいお別れは産みのお母さんとの1回限りにしてあげられます。

児童福祉の専門家でもない私が思い巡らせたことなので、施設における福祉について理解していないこともあるかもしれません。

でも、子どもがつらい別れを経験する回数をできるだけ減らして、「意識しなくても当たり前にずっと一緒」という家族をつくってあげる。それがとても大切ではないか。

このとき、自分たちが特別養子縁組をするかしないかは別にして、そんな思いが湧きあがりました。

お弁当づくりに心が躍る

転院してから半年ほど経った頃でした。ブログや本やドキュメンタリーを見るだけではわからないことがたくさんあるので、

「この前の特別養子縁組の話、もう少し詳しく知りたい」

と夫に伝えました。

夫も待っていたかのように、一緒に団体のセミナーの日程を調べてくれました。

養親希望者向けのセミナーに行くことは、「一歩前に踏みだせる行動」でした。

私にとって不妊治療は、進んでは振り出しに戻り、また進んでは退いての繰り返しで、目的に向かって歩めているようで、実は堂々巡りでしたから。

セミナーに参加したからといって、どうなるのかわかりませんでした。でも一歩を踏みだせることが、気持ちをうんと前向きにしてくれました。

セミナーの昼食タイムには、特別養子縁組のご家族2組と交流できると書いてありました。実際に家族になった方々と交流できるなんて、これはチャンスです。お弁当を注文してもいいし、持参してもいいと。

「せっかくだから、お弁当も手作りしよう、新しいお弁当箱が欲しいな」

胸が躍りだしました。

さっそく、スープもセットできる、保温タイプのお弁当箱を用意して、その日を楽しみに待ちました。

そして当日、おにぎりを握っていると、自然に鼻歌が出てしまいます。ほんとうに、こんなに明るい気持ちになったのは久しぶりです。

セミナーは期待した通りでした。特別養子縁組で子どもを迎えるまでの流れがよくわかりましたし、法律が作られた意義なども教えていただき、とても勉強になりました。

そして楽しみにしていた昼食タイムは、期待以上でした。

2組のご家族とも、1歳未満の赤ちゃんを連れていらっしゃいました。「いつ頃迎えたのですか？」など、いろいろお話をお聞きして、抱っこもさせていただいたのです。感激しました。

何より、普通の家族と何ら変わりなく幸せそうなご家族の姿を見ていると、安心するというか、心が温かくなるのを感じました。

お子さんと養親さんに血のつながりはありません。でも、2組の親子とも、びっくりするくらい似ていました。

家族というのは、一緒に同じご飯を食べて、同じ時間を過ごし、笑顔を交わしていくうちに似てくるのだろうなと、その時、心から実感しました。ご家族の温かい雰囲気に囲まれて、久しぶりの明るく楽しい時間でした。

血のつながりにこだわっているから

私たちはいくつかの養親希望者向け説明会に参加しました。

特別養子縁組の民間あっせん団体の情報は、インターネットのホームページを読んで調べていましたが、やはり会って話をしてみないとわからないことも多いからです。

団体によって、特色も違いますから、自分たちが一番納得できる団体とめぐり合いたいという思いも強くありました。

あるセミナーでは、「特別養子縁組は子どものための制度」であることを、何度も強調されていました。

この制度は子どものためである。子どもの利益、子どもの福祉のためである。法律の条文にもそう記してあります。

それはわかっているつもりです。でも、あまりに何度も強調されるので、いまの私の理解では足りないと言われているような気がしてきます。

いま不妊治療をしていることも、どう受け止められるのか心配になり、セミナーが終わって、担当者に質問をしてみました。

「今すぐに申し込もうと思っているのではなく、じつはまだ不妊治療をしているんですが、……」ということから切り出してみたところ、

「不妊治療をしているということは、自分の子どもが欲しいという証拠じゃないですか？」というニュアンスの言葉が返ってきました。

その言葉に、思わず涙が出てきてしまいました。

ホルモンバランスが不安定だったせいかもしれません。決してそうではないのに、予想もしない返答におどろき、涙が止まらなくなってしまいました。その涙を見て、追い打ちをかけるように、「泣いているということは、やはり血にこだわっているという証拠ですよね？」と、心ない言葉をかけられました。

不妊治療をしてまでも子どもを欲しいというのは、大人のエゴなのでしょうか。きっぱりあきらめなくては、次には進めないのでしょうか。

この行き場のない気持ちを責められているようで、悲しくなってしまったのです。

不妊治療を受けている人たちには、それぞれの理由があるのだと思います。血のつながりにこだわっているから不妊治療をしている、とは一概には言えないのではないでしょうか。自分の子どもを産むことをきっぱりあきらめてからでないと、特別養子縁組を選択肢のひとつとして考えることも責められるのであれば、それはとても残念なことだと思います。

呪縛から解き放たれる感覚

妻からの「特別養子縁組のことをもっと知りたい」という言葉、この言葉を待っていました。最初に僕が提案して半年間、この件について妻は何も言いませんでした。僕も急かすようなことはしませんでした。

不妊治療は相変わらずよい結果が出ず、どんどん深みにはまっていたので、妻からその言葉を聞いたとき、ようやく、ふたりで一緒に、少し違う方向を向けることに、うれしさがにじみました。

不妊治療は、がんばる＝耐える、という意味合いが大きく、努力したから報われるというものでもない。治療のレールに乗っていると、主体的に動いているという感覚も薄れます。

この時点で1年半。もっと長く治療を続けている方も多いので、がんばっているうちに入らないかもしれませんが、この先、長く続けられる気はしませんでした。

僕も子どもに会いたいから、治療をやめることがうれしいわけではありません。けれど、特別養子縁組について真剣に考えてみることは「自分たちの道を自分たちで決めていける」という、とてもポジティブな行動で、一歩一歩前に進んでいくような喜びでした。

心の中の暗くて重いものが消え、いつも結果ばかりをジャッジされているような不妊治療の呪縛から、解き放たれるような感覚がありました。

セミナーの朝、久しぶりに明るい表情でお弁当づくりを楽しむ妻の姿。ふたりとも期待を胸に出かけました。「制度を知りたい」という段階ではありましたが、その時点で、ふたりの心のなかでは決めていたのかもしれません。少なくとも僕の中では、決めていたのだと思います。

子どものための制度

セミナーに行き、実際に養子縁組をした、血縁にこだわらないご家族の姿を見ることができました。

セミナーでは、特別養子縁組の意義、法的な部分の解説などをわかりやすく教えていただき、とても勉強になりました。インターネットや本でも読んでいましたが、目的意識を持って講座を聞くと、理解が深まります。

「特別養子縁組制度は、親と暮らすことができない子どものための制度です」ということは強調されていました。説明会で団体の方々のお話を直接聞くと、みなさん「子どものための制度です」と、必ず言われます。

では、子どものためではない特別養子縁組とは、どのような動機を指すのでしょうか。例えば、普通養子縁組の理由のなかに「家業を継承するため」というようなことがあれば、それは大人の都合、ということになるのでしょう。

そういった理由ではなく、「親元で暮らせない子どものための制度ですよ」ということはすんなりと理解できます。

僕たちも家を継いでほしいとか、老後の面倒をみてほしいとか、そうした動機ではないことは、はっきりと自覚できています。

しかし僕たちが子どもを欲しいと思う気持ちも、自分たちの都合だとみなされてしまうことに、しっくりこなかったのです。

セミナーでは、不妊治療をしているなかで、特別養子縁組のことを考えるのもいけないことのような説明もありました。

後日あらためて確認してみたところ、やはり「自分たちのエゴで子どもが欲しいから縁組をするのではなく、子どものためということを理解してほしい」ということでした。

子どもがいない夫婦のためではなく、親を必要とする子どものための制度、子どもを優先すべきであると。

ただ、あまりにも強調されすぎて、ボランティアや福祉の精神で「子どものために特別養子縁組をしたい」という動機でなければならない、というプレッシャーがありました。

僕たち夫婦が子どもを欲しいのは、子どもを育てたい、親になりたい、家族をつくりたい、ということですから、やはり「自分たちのため」になってしまいます。

この考えでは、「子どもの最善の利益のために、特別養子縁組をする」というところに届かないのではないか、子どもが欲しいという、自分たちの思いはエゴなのだろうか。

特別養子縁組に向けて進もうと思ったら、このような葛藤も生じてしまいました。

ボランティアで子育て？

僕はしばらくこのことを考え続けました。

崇高な精神を持ち合わせていないと、特別養子縁組はできないのだろうかと。

そして、どれだけ考えても、ボランティアで家族になるということも、現実的ではない気がしました。

一緒に家族になるためには、そういう意識で子どもと接するのでは、結べる絆も弱いと思うのです。

一定期間ではなく、戸籍に入って、一生の家族になるという覚悟を持つのですから、親も子どももお互いに、しあわせを分かち合える関係であったほうがいいと思うのです。

母親になりたい。父親になりたい。あるいは、「母になった妻を見たい」とか「父親にしてあげたい」。

そんな自然な思いから始まるのが、家族なのではないでしょうか。

子どもにとっても、

「お父さんとお母さんは、自分を育てることが幸せだと思っているんだ」と感じ取ることができるかどうかで、家族の関係はまったく変わってくると思います。

大人の都合、というときに、子どもが欲しいという気持ちまでもが「勝手な都合」となってしまうと、立つ瀬がなくなってしまいます。

それでも特別養子縁組をしたいという気持ちはくじけませんでした。

友人の妊娠

特別養子縁組のセミナーに参加しながらも、不妊治療はまだルーティンのように続けていました。

特別養子縁組で子どもを欲しいと思うことがエゴなのか、不妊治療をあきらめきれないことがエゴなのか、私にはわからなくなりました。

そんな中、不妊治療をしていた友人が妊娠、ということを聞きました。

「よかった!」

心からそう思えました。赤ちゃんが欲しいという気持ちは誰よりもよくわかるからです。

でも、このまま先の見えない不妊治療を続けていったとして、また同じような場面で、私は友人を心から祝福できるのだろうか……。

もし、自分にとって大切な人の幸せまでも、祝福できないところまで追い込まれてしまったら。

そうなる前に、私が心から望んでいることが何なのかを見つめよう。

そして、決めました。次の体外受精で最後にしよう。大切な人の幸せを、心から祝福できる自分であるうちに……。あきらめることは簡単ではないけれど、そうしようと。

病院通いのためにしばらく舞台の仕事は休んでいました。でもその頃は、そろそろ復帰の見通しを話し合っていました。そこに、ある舞台のオファーがありました。

これもめぐり合わせかもしれません。

自分の気持ちを見つめなおそう。そう決心したこのタイミングで舞台に立てることは、私にとって大きな岐路になるかもしれません。一度、治療のことから離れて、舞台に集中し、頭をリセットしてみよう。

そう思い、引き受けることにしました。

この復帰第1作目のオファーに感謝し、前向きに取り組んでいこうと思いました。

これで最後の治療にしよう

総合病院時代も合わせて、7回目となる体外受精のために病院に行きました。この治療で最後にしようと決めてからの診察室です。

その日は若い女性の先生でした。

これから胚盤胞《はいばんほう》を体に戻す処置ができるかどうか、子宮内のクッションがふかふかに、着床しやすくなっているかどうかの診察をしてもらいました。

すると、「今回は子宮内膜の厚さは大丈夫そうです。やってみましょう」となりました。

しかし、心の中では「そうか、でもどんな結果になったとしても、この治療で最後にしよう」と決めていました。

「今回でダメならあきらめよう」と。

ところが、いつもクールな対応の先生ばかりだったのに、その日に限って、とても親しげに話しかけられたのです。いつもの先生と対応が違います。

少し戸惑いながらも、

「でも私、これで最後にしようと思っています」と自分に言い聞かせるように伝えました。

すると、少し高いトーンの声で、

「えっ？　どうしてですか？　もう少しがんばってみたらいいじゃないですか」とサラリと言われてしまいました。

ひざからガクリと崩れ落ちるような感覚。

出口の見えないトンネルを、まだまだ走り続けなさいと、言われたような気がしました。

ああ……。私はもうがんばれない。

いえ、がんばろうと思えば、いくらでもがんばれるかもしれないからこそ、ここが私のがんばりどころではない。そんなことを頭の中にめぐらせながら、やっとの思いで、

「とりあえずお休みします」

言葉を絞り出しました。

ここでがんばるということは、気力も体力も、そして経済的にも空っぽに近づいてしまうということ。私が本当にやりたいことは、子育てをして、新しい家族の絆を結んでいくことなのです。

最後の治療、夫の号泣

最後の体外受精の結果が出ました。これがダメならやめる。夫婦でそう決意して臨んだ診察です。

少しの期待を持ちながら、先生の言葉を待ちます。

返ってきた答えは、やはり叶わなかったという結果でした。

何かが急にダメになったのではない。今までもそうだった。これからの希望だってあるんだ。そんなふうに言い聞かせながら、自宅に戻りました。

これまで私たち夫婦は、大切な話をするとき、キッチンに椅子を置いてそこでたくさん話をしてきました。そのときも、キッチンでこれからのことを話しはじめました。

「やっぱりダメだったね……」

そう私がつぶやいて顔を向けると、夫の目からは大粒の涙があふれていました。

いつも冷静で、どっしりと構えていてくれた夫が、肩を震わせて泣いていました。そんな姿は初めて見ました。

私は、ようやく気がつきました。自分のことで精いっぱいで、夫の気持ちにまったく気づいていなかったことに。

治療中、気分転換にとボードゲームに誘ってくれた夫に対して、「私はこんなにつらい思いをしているのに」と、心の中で責めたこともありました。

でもそれはまちがいでした。

ほんとうは、そばで見守ることしかできない夫のほうが、何倍もつらかったのかもしれません。

そのつらさをどこにもぶつけられず、必死にこらえていたのだと、そのときはじめて気づいたのです。

私を精一杯気づかってくれたこと、ずっと私の心に寄り添っていてくれたことに感謝と申し訳なさで胸が張り裂けそうでした。

不妊治療の病院は、私たちにとっては、結局はつらいことが多い場所ではありました。

でも、そのとき、そのときで、私たちが望むこと、多くの患者さんが望んでいることを精一杯やっていただきました。

この治療でうまくいかないのならば、いさぎよく、その結果を受け入るという覚悟ができるくらい、とても質の高い治療を受けることができたと思っています。

そこに未練はありませんので、私たちは次に進むことができたのだと思います。

それは、この病院に通ったおかげです。


舞台の仕事では、「こうなりたいと思う自分」になれました。自分を信じて努力すれば、夢を叶えることができました。

でも不妊治療はあきらめました。どんなにがんばってみても、ダメなことはあるのです。

私にとっては、これが生まれてはじめての挫折でした。


夫の涙にたまらなくなり、ふたりで泣きました。待ち望んだけれど、会うことは叶わなかった、心の中のひとりの子どもに別れを告げました。

第４章

特別養子縁組を決める

希望に向かって

不妊治療をやめる決断をしてから、妻が「さあ、特別養子縁組に向けて動いていこう」と勢いづいているように見えました。

でも僕は「一度、落ち着いて考えよう」と伝えました。

尻込みするつもりはないけれど、先に健康を回復させることに専念したほうがいいと思ったからです。

長い期間、強い薬を飲み続けてきたことで、体にはかなりの負担をかけてきました。精神状態にしても、急に上向きになるはずもありません。

そもそも、筋肉は落ち、むくみがとれないというのでは、とても舞台に立てるような体ではなくなっています。

「体を元に戻そう。不妊治療から脱して、リセットしたほうがいいよね」と、ふたりで話し合いました。

リセットできたら、次は特別養子縁組に向かっていく。その先がはっきりしていなくても、希望に向かっているという感覚がありました。

そう思えたのは、僕たちを取り囲んでいたトンネルのような闇が、いつのまにか消えていたからです。平穏なそのふたりの日常が戻ったことに安堵しました。

いざ動きだしたら、どんなことが起きるのかわかりません。だから僕は、もう少し平穏な日々を過ごしたかったのです。この3カ月ほどの期間は、今振り返っても、僕たちが心を落ち着かせるのに必要な期間だったと思います。

厳しいトレーニングを乗り越えて

具体的にいつ、特別養子縁組に向けて動きだすか決めてはいないけれど、その思いをお守りのように持ちながら、トレーニングに励みました。

夫から「ちょっと待とうよ」と言われたときには、「今さら後ろ向き？」と、少し惑いましたが、私も急いでいたわけではなく、「動く意思がある」ということを伝えたかったのです。

体を戻したほうがいい、という理由を聞いて私も納得しました。

一緒に暮らす夫婦でも、「相手はこんなふうに思っているだろう」という思い込みはあるものです。それが違ったとしても、「そうだったの？」で済むこともあるでしょう。

でも、特別養子縁組をする夫婦は、あうんの呼吸に任せておくわけにはいきません。話し合って意見を確認し、ふたりで解決していかなければならないことがたくさんあります。子どもを迎えるまでも、そして、迎えてからも。

復帰舞台も決まっていたので、体の調整も「いつまでに、この状態まで持っていく」というリミットがありました。

これまでもそれなりに身体調整はしてきた私が「相当ハード」と感じる筋肉トレーニングでした。

トレーニングのコーチも厳しい方。それはありがたいことですが、ハードな動きを3セット、その後にもっとハードな動き、１回休憩して、そのセットをもう１回と言われたときには、情けないことに何だか涙が出てきました。体を動かすことはメンタルにもいいといいますが、やり方によるのでしょうか。
トレーニングのつらさで泣いたわけではありません。

「何のためにやっているんだろう」

ふと我に返ったら、涙が出たのです。トレーニングは自分のため、ステージに立てる体になるためでした。

「でもほんとうになりたいのは〝お母さん〟なのに」

そうつぶやいていました。

まだまだ不妊治療のときの不安定な状態がゼロになったわけではないのです。

でも続けていくうちに、成果は出ました。トレーニングに追い込むことで、頭の中をリセットしていくことができました。

かなり厳しいトレーニングでしたが、舞台復帰という目標があったからがんばることができました。そしてもちろん、「母になる」という希望が、私の回復を支えてくれたのだと思います。

背中を押してくれた先輩

どんな悩みでもそうですが、「これってどうすればいいのだろう」と迷っている間は、結局、悩んでも、悩んでも、やってみないと答えは出ません。

このことを教えてくれたのは、宝塚時代の尊敬する先輩、愛華《あいか》みれさんです。

愛華みれさんは、突如としてガンを患い、それでもご結婚されたいきさつを本にも書かれています。宝塚時代も、私が行き詰っているとき、愛華さんの一言でどんなに助けられたかわかりません。不思議なことに、パーッと目の前が開けたような気がして前に進んでいけるのです。じつは「お父さん」と呼ばせてもらっていた、そんな大きくて頼りになる先輩です。

そんな愛華さんに、特別養子縁組をしようと考えていることを相談しました。でも自分にそれができるか悩んでもいるということを。

すると、愛華さんは言いました。

「悩んでいたってしょうがないよ。答えはいつまでたっても出ないから、やってみないとわからないよね。悩まなくていい、やってみな。そうしたら答えが出るから」

そして、「病と闘いながらでは、出産や育児は考えられなかった。もっと早くに特別養子縁組制度を知っていたら、もしかしたら私の人生も変わっていたかもしれないと思う」とも。

やってみれば答えが出る。

特別養子縁組は「やってみたけどダメでした」ではすまされません。でも、そういう無責任なアドバイスではないのです。

いつまでたっても答えは出ない、やってみないとわからない。

私は、本当にそうだなと腑に落ちました。

愛華さんの言葉は、真の意味で「私にその覚悟がなかっただけだ」ということを気づかせてくれました。

覚悟を決めて、飛び込んでみる。これしかないのです。

私の覚悟は決まりました。

人に会いたい

先輩から背中を押してもらったおかげで、改めて決断することができました。先輩に話したことで、前に進む勇気がわいてきたことが、とてもうれしかった。

これが人と人とのつながりなのでしょう。

先輩が私の背中を押してくれたように、私にも誰かの背中を押してあげることができたら、そう思えるようになりました。

もしそれが、家庭を必要としている赤ちゃんだとしたら、その子のそばで寄り添ってあげたい。成長を見守り、悩みを相談されたら背中を押してあげたい。

人の思いやりや温もりは、こうしてつながっていくのだと実感しました。

不妊治療で疲れ切っていた頃は、誰にも会いたくありませんでした。

でも、特別養子縁組に目を向け始めてから、人に会おう、会いたいと思うようになりました。

宝塚の先輩には、他にも産みのお母さんではない、叔母さんにあたる人から育てられた方もいます。その方にもお話を聞きました。私がそんなふうになれたのは、人とのつながりを持つことが、どれだけパワーをくれるかということをあらためて感じ、話をしに出かける気力が出てきたことが大きかったのだと思います。

両親やきょうだいの反応

団体への問い合わせの前後に、僕たちは自分の親やきょうだいに、特別養子縁組をしようと思っていることを伝えました。

僕の家族には、年末に名古屋に帰ったときに話をしました。

初めは父親と母親に話しました。母が先に「親になれるなら、なったほうがいいよね」と言ってくれました。僕ら3人きょうだいを育ててくれた母にも苦労はあったけれど、子育てをしてよかったと、今は思ってくれているからかもしれません。父からも反対の言葉はありませんでした。その後に兄とも話をしました。「そんなに子どもが欲しかったのか」と驚いていましたが、父も兄も、僕たち夫婦の思いをくみ取ってくれて、決断を尊重しようという姿勢でした。

一方、妹は異なる反応でした。

「ふたりで暮らしても幸せそうなのに、なぜそんなに子どもが欲しいのかわからない」それは、とても素直な疑問だと思います。子どもがかわいそうに思えるし、いずれショックを受けたらどうするのか、という心配があったようです。

特別養子縁組制度のことを知らないので、無理もありません。

「真実告知といって、ちいさい頃から年齢に合わせてほんとうのことは伝えていくんだよ」と言っても、「私なら、ちいさい頃から知りたくない」と反発します。

3時間ほど話し合いは続きました。結局、反対意見を言いたいのではなく、なぜそうしたいのか、聞いて納得したかったようです。僕に対しては、妹という何でもぶつけられる立場ですから。

話し合いでどこまで納得できたかわかりません。でも、息子と会ってからは「かわいい、かわいい」と、上京するたびに洋服や靴下を持って会いに来てくれます。会ってしまうと、理屈ではないのです。

父の正直な言葉

言葉数は少ないけれど、いつも私を見守ってくれて、応援してくれた父。特別養子縁組のことを伝えたときも、私たちを応援すると言ってくれました。でも、父なりの思いはあったようです。

「俺も年だし、いつまで応援できるかわからないけれど、できる限り協力する。お前たちのために」

「ただ、子どもにとって血のつながらない家族という関係性はどうなのか、かわいそうだと思うが……」と心配していました。

父は、反対はしないけれど、どこか違和感があることを正直に言ってくれました。そのとき隣にいた母は「施設で育つのか、温かい家庭で育つのか、どっちがかわいそうかわからないわよね」と、ぼそっと、核心をつくようなことをつぶやきました。

父も母の言葉で、冷静に考えたのかもしれません。

そして、父も夫の妹と同じで、会ってしまえば理屈ではなく、今は、孫にいちばんデレデレの〝じぃじ〟です。

息子の名前をラベルにして貼った、お祝いの日本酒をコレクションに並べています。私は知っています。父はもともと、血縁うんぬんに執着するタイプではありません。

私の家には、両親や兄以外に、「母の友人」という存在がありました。私がちいさい頃からずっとわが家にいるのが当たり前の女性。

私たちは「ターザン」と呼んでいます。

ターザンは毎日のようにわが家に来ます。そのまま泊まっていくことも何度もあります。その存在があたりまえすぎて、なぜ家族の中にいるのか、誰も疑問を持ちません。というより家族なのです。

もちろん、結婚のときも、夫はターザンにも挨拶をしてくれました。

ふと考えると、母の友人というだけで、この状況を受け入れている父の度量は大きいなと思います。

どんな人でも家族同然に迎え入れる心を持ち合わせているのです。

さあ、私の出番

私の母には、一年前、特別養子縁組制度を本格的に調べ始めた頃に相談していました。

その頃の母は、「大動脈解離《だいどうみゃくかいり》で生死をさまよった自分が、なぜ生かされたのだろう」と常々考えていたそうです。

そんなときに、私から「特別養子縁組を考えている」ということを聞いて、

「あ、これだ！」と思ったそうです。

自分にまだ生きる意味があるとしたら、このことだと。

母は病院で夢を見ていたといいます。その夢の中の場所を「天国」と表現しました。

天国に行った母のもとには、親とはぐれた子どもたちが集まってきました。この子たちを育てることが、天国での母の使命であったそうです。

だから、私たち夫婦が、血のつながらない子どもを育てようと考えていることを聞いて、「私はこのために生かされたのよ」と言いました。

まだこの地上で、子どもを愛するということの勉強をしてくるために、生還したのだといいます。

家族の反応という意味では、母の場合は賛成や反対どころか「さあ、私の出番」でした。

さらにいえば、私がまだ不妊治療をあきらめきれなかった頃も、時折「どう？決めた？」と様子をうかがっていたくらいです。

私たち夫婦が決断するもっと前から、母は特別養子縁組のことを当たり前のように受け入れ、待ち望んでいてくれました。

共感できる団体との出会い

復帰1作目の舞台出演に向けて稽古が始まると、「私は舞台が好きなんだ！」という気持ちがよみがえってきました。

舞台の醍醐味は、観客のみなさんが舞台を楽しんでくれている、その熱気を肌で感じながら演じられることです。もしかしたら、元気がないお客さんもいるかもしれません。でも、しばしの間、舞台の世界に没頭していただいて、少しでも元気づけられたらいいな。

そう思うと、暗い闇の中をさまよい続けた心に、晴れ間が見えてきました。

いくつかのセミナーに参加したり、実際のご家族にお会いしたりしてから、結局は一年近く経っていました。もう一度ゆっくり、どこの特別養子縁組の民間あっせん団体を通してお願いするか、考えることにしました。

ホームページに書いてある情報、スタッフの方のブログ、そこで縁組をした方の体験談などを読みました。ほとんどの団体のホームページを見ましたが、運営の方針に共感できる団体がありました。

本部は和歌山にあるストークサポートという団体です。

ホームページの申し込み欄を見ると、育ての親を希望する人は、法律上の夫婦であることや、親族含め犯罪歴がないこと、同居する実子がいないこと、日本国籍であること、という項目に問題がなければ、申し込みできると書いてあります。年齢制限はなく、団体のかけもち（複数の団体に登録すること）もOKとありました。

近々大阪で説明会があるようでしたので、「よし！」と思って、問い合わせました。

「説明会に間に合いますか？」とお電話したところ、折り返し資料を送ってくれました。

他の団体は説明会に参加して面談に進む、という流れが多いのですが、ここでは先に書類審査がありました。

まず、説明の冊子と一緒に調査票が送られてきます。調査票は記入欄が多く、その情報だけでもどのような夫婦なのか伝わるように作られています。本気で書きこまなくては、埋まらない書類です。

その調査票に、なぜ育ての親になりたいのかという動機、私たちがどこで生まれてどのように育ったのかという生活歴も記入していきました。

生活歴は、どんな環境で育ち、いまどんな生活をしているのか、これまでの人生の歴史を綴《つづ》る作業です。舞台俳優の仕事をしていることが、どんな印象を与えるのかわかりませんが、正直に書きました。

この書類に記入する作業は、自分たちのこれまでの人生を振り返り、そこに向き合うような作業になりました。

子どもを育てる前に、こんなふうに夫婦それぞれの生い立ちを整理しておけてよかったと思います。

ここに記入するために、なぜ自分たちが特別養子縁組をしたいのか、しっかり向き合うこともできたからです。どこまで覚悟ができているのか、自分を振り返ることができますし、どういう考えを持っているのか、夫婦で話し合いができました。

書類を完成させて投函するときは、祈るような気持ちでした。

エゴとの葛藤を経て

ほどなくして「関西での説明会は満員になったので、東京で行います」という返事をいただきました。

説明会に進めるということは、書類審査は通ったようです。いよいよ、扉を開けたのです。

この後、東京事務所での説明会を経て、担当の方が面談をしてくれました。まず夫婦ふたりで揃って面談し、その後に一人ずつでも行われました。

担当してくれた方は、ご自身も特別養子縁組の当事者です。

二人のお子さんを迎えられたそうです。お会いした瞬間からホッとするような雰囲気で、丁寧に話を聞いてくれました。

会話をしていて、思いがけない妊娠をした女性を助けたい、そして子どもを欲しいと思っている僕たちのような夫婦の力になりたい、という思いが伝わってきました。

「団体の方針を理解してください」というよりも、養親希望者である僕たちのことを知りたいという姿勢でいてくださることが、とてもうれしかったです。

僕たちが葛藤していた「不妊治療をあきらめきれなかったこと」も理解してもらえました。その方も、同じように不妊治療の後でお子さんを迎えたそうで、「子どもを育てたいという思いがあったから、不妊治療をがんばってきた。それが難しかったから特別養子縁組を考えるということは、エゴという言葉で表すようなことではないと思います。自然な思いではないでしょうか」と言ってくれたのです。

僕たちが迷い、悩んでいたことでしたので、それを受け止めてくれたことで、救われた思いでした。

2時間ほどの面談を経て、この方にお任せして話を進めていきたい。

そう思えるすばらしい出会いでした。

どんな団体を選べばいいか

縁組を依頼する団体を選ぶ際、すべての説明会に参加して、その方針に納得したところに依頼できたらいいかもしれません。しかし、すべてに足を運ぶのは、実際には難しいです。とはいえ、ホームページや体験者のブログだけではわからないことも多いと思います。

僕たちは以前に他の団体の説明会に参加していたので、自分たちの状況とそれぞれの団体のタイプやルールを照らし合わせて選ぶ目安ができていたと思います。

ストークサポートには年齢制限はありませんでした。一般的に年齢は、40歳まで、あるいは、43歳、45歳までというところもあります。年齢を設定するのは、子育ての体力のこと、そしてできるだけ長い期間子どもと一緒に暮らせるほうがよい、という考えに基づいています。健康診断のコピーもお送りしましたが、実質的には40代前半で健康に不安がある人より、40代後半でも健康な人のほうが適任であると判断されるようです。

特別養子縁組は夫婦のどちらかが育児に専念する体制が必要、というルールの団体もあります。僕たちは共働きですが、ストークサポートは共働きの夫婦でも問題ないというルールでしたので、この点はクリアしました。

どんな団体で縁組していただくといいか、ということは、団体との相性が大きいので、一概には言えません。最初に説明会に行った団体でご縁を感じて、他には探さなかったという方もいらっしゃいます。

養親希望者は、団体側から「選ばれる立場」にはなります。養親の条件をクリアして、候補者に適していると認められないと、赤ちゃんは託してもらえないからです。でも、子育てをするのは養親なのですから、専門家から学ぶことは多いですが、自分たちが団体を選ぶ、という気持ちで臨んだほうがよいと思います。

この本の終わりに「全国の養子縁組あっせん事業者一覧」を掲載していますので、ぜひご参照ください。

病気や障がいがあっても受け入れる覚悟

もし自分が出産できたとしても、高齢出産であることから、病気や障がいのリスクはあると認識していました。

でも、病気や障がいがあるからといって、育てないということはないでしょう。では、養子として迎えた子に病気や障がいがあったらどうでしょうか。どう想像してもそのことを理由に育てられない、という気持ちにはなりません。

病気を抱えた子が家に来たときと、自分が産んだときのことを考えてみました。

ある障がい児のお母さんが、出産後しばらくはどうしてもわが子の障がいを受け入れられなかったとき、祖母が「お預かりした子だと思って育てよう」といってくれたことがきっかけで気持ちが楽になり、愛おしく育てることができた、という話を聞いたことがあります。

産む側の女性は「健康に産んであげられなくてごめんなさい」と思ってしまいます。私が同じ立場でもそう思ってしまうでしょう。でも、女性がそんなふうに思わなくてもいい、自分を責める必要のない世の中になるといいなと思います。

どんな人でも、病気や障がいと無縁であるかどうかわかりません。誰にでも起こり得ることです。

ただ、特別養子縁組の場合、私たち夫婦以外の家族、親やきょうだいにも、このことを理解してもらう必要があると思います。私たち養父母に何かあったときには、代わりに育てるのはその親やきょうだいになるからです。

私たちにご縁のあった子を受け入れる。お互いの家族には、その覚悟を伝えました。

家族の理解や応援を受け、話はその後トントン拍子で進んでいきました。その展開は、不妊治療をしていた頃のことを考えたらまるで夢のようでした。

家庭調査、そして待機へ

担当者との面談のあと、日を改めて家庭調査が行われました。自宅に訪問し、育児環境に適しているかどうかチェックします。

家が大きいとか小さいとか、そういうことではなく、子どもの部屋に窓があるか、安全に配慮できているか、というようなことを中心に確認や指導がなされます。

例えば、テーブルの角がむき出しになっていたら、「ここにはクッションを付けてくださいね」など、アドバイスをしてくれます。

家庭調査官の訪問が終わり、ドキドキして待ちました。次は「待機」になれるかどうかです。

待機とは、養親としていつ子どもを託されても大丈夫なように、待っている期間のことです。

「待機」の状態になるのは、いわば「養親合格」です。

そのうれしい知らせを受け取ったのが、私が復帰後の1作目となる舞台の初日、その朝のことでした。一つひとつの新しい扉を開けていく喜びが、気持ちを前に前に引っ張ってくれます。未来が拓かれていくように感じました。

待機に入ると、いつ依頼がきてもおかしくない状況となります。経験者のブログなどでは、半年、1年、3カ月などさまざまです。私たちも、もしかしたら「今日電話がくるかもしれない、明日かもしれない」という状態が続くので、ドキドキします。

とにかく今は心の準備をして、元気に、今自分にできること、目の前のことに取り組みながら過ごそう、と心がけていました。

縁結びはどのように

これは僕が息子を迎えた後に、団体の主宰の方からお聞きしたことですが、待機に入った養親候補者と、親を必要とする子どもの引きあわせ、いわゆるマッチングはどのようにして行われるのでしょうか。

児童相談所を通して、乳児院にいるお子さんを養子縁組する場合は、性別や年齢がわかったうえで、乳児院を訪問したり、試しでお泊りをしたり、交流を続けてから委託されることが一般的です。

一方、私たちのような民間団体での新生児特別養子縁組のマッチングはベールに包まれている感じがして、縁組をする前はお聞きできませんでした。

例えば、血液型。B型の赤ちゃんがいたとして、B型が生まれるはずのない養親さんにも託されるのか。あるいは、体格。養親となる人が大柄だった場合、赤ちゃんの体格はわかりませんが、産みのお母さんと近い体格の方に託すということがあるのか。

これは配慮なのか、作為的なのか、言葉によって印象が変わりますが、とにかく、どんなふうにマッチングされるのか、思い切って聞いてみました。答えは明快でした。

「原則として順番です」

待機のご夫婦に、待機している順番で声をかけていくということです。マッチングという言葉は誤解されやすいけれど、親子の縁に団体の人の意図を介入させることはしないのだそうです。

「親子のご縁を結びつけるのは、神様の采配ですから、そこに人為があるのはおそれ多い」というお話でした。これは団体によって異なるかもしれませんが、そのお話を聞いて、とても納得しました。

1回目の打診

待機に入って3カ月ほど経ったある日、「もうすぐ生まれる赤ちゃんがいます」と連絡が入りました。「性別はわからない。来月末に生まれそうです」という簡単な説明があり、「どうなさいますか？」と。

連絡が入るのはもう少し先だと思っていたので、一瞬戸惑いましたが、その日のうちに喜んで受け入れる意思を伝えました。

さっそく、僕たち夫婦と妻の母とターザンの4人で、赤ちゃん用品店に買い物に出かけました。

「男の子か女の子かわからないから、黄色いベビー服だね」などと話しながら、あれもこれもバタバタではありましたが、ほんとうに心からワクワクしながら、みんなで楽しく準備をしました。

お店の中には、はじめて見る赤ちゃん用品がいっぱい。どれもこれもかわいくて目移りします。

こんなに楽しい買い物は久しぶりでした。ずっとこんな日を夢見ていたのです。

しかし、結果的にその話は取り下げられました。

特別養子縁組に赤ちゃんを託してみたものの、いざ生まれてみると、産みのお母さんもそのお母さん（赤ちゃんにとってのおばあちゃん）も、赤ちゃんがかわいくてかわいくて、手放せなくなってしまったのだそうです。

何とか育てられるような支援を受けて、産みのお母さんのもとで育つことになりました。

わが家に来てくれる子かな？　と楽しみにはしていましたが、残念というより、赤ちゃんにとっては「よかった」とホッとひと安心しました。

どうしても無理だったら、僕たちがいますよ、という心づもりでいいと思っています。産みの親が育てることができるなら、それに越したことはありません。

思いがけない妊娠をした方が、団体に助けを求めたからといって、必ず養子縁組しなくてはならないというプレッシャーを受けることは、避けるべきだと思います。

産みのお母さんが育てられるなら、まずはそれが一番です。

それが叶わないのなら、私たちが大切に育てます、という順番でなくてはなりません。

初夏に生まれてくる赤ちゃん

そこから、さほど間を置かずに2回目となる連絡がありました。

生まれてくるのは初夏。まだ性別はわからないとのことです。

出産予定は、僕の大阪の舞台が始まる頃で、3週間は自宅に戻れません。だから、僕がいなくても書類の面など困らないように、準備だけは整えておいて、お迎えは妻に任せようと思いました。

その旨も伝えたうえで、「ぜひお願いします！」と受け入れの返事をしました。

「今度こそ、赤ちゃんに会える！」

再び、期待と喜びに胸がふくらみました。

それから1カ月くらいの間で、赤ちゃんを迎える準備を整えました。

男の子と女の子、両方の名前を考えておいてくださいということでした。

名前をどちらが付けるかは、産みのお母さんがどうしたいかで決まります。僕たちの場合は、「養親さんにつけてもらってください」ということだったのだと思います。

名前は、以前からいろいろ考えてはいました。でも、いざ「つけてください」といわれると、赤ちゃんの名前辞典を読み返したりして、考えに考えました。今思い出してもほんとうにしあわせな時間でした。


赤ちゃん用品は前回の買い物でほとんど揃っていたので、赤ちゃんスペースを確保するために家具を移動したり、これでもかというほど掃除をしたり。洗濯もなんでもかんでもぜんぶ洗いました。妻と一緒に産着の準備をしていると喜びが胸にこみあげてきます。

赤ちゃんがわが家にくる！　その準備は、それはそれは楽しい時間でした。

医師の話では、お産は早まるかもしれないということでしたが、遅れていました。

お母さんと赤ちゃんの健康状態は大丈夫だろうか、と気になります。

このときはすっかり妻とふたりで、〝妻の出産を待つ夫〟の気分です。

自分では何もできないもどかしさも、きっと世の中のお父さんはみんなこんな気持ちなのかなと想像したりもしました。

結局、遅くはなりましたが、母子ともに健康に出産されたそうです。赤ちゃんは男の子。僕が公演先の大阪から直接出向けば、迎えにいけるタイミングで生まれてきてくれました。ちゃんとその日を待っていてくれたのかもしれません。

舞台の千秋楽の翌日が、お迎えの日になりました。

私の世界が変わった

「先ほど生まれました」

誕生の知らせは、団体の方から夫のところに、そして私のところに届きました。

初夏の朝でした。

このときのことは一生忘れられません。

さっきまでと同じ部屋、同じ窓辺。なのに、私を取り巻く光の色合いが一気に変わったのを今でも鮮明に覚えています。

やわらかくて温かみのある色合い。

見る人の心によって、世界はこんなにも違って見えるのでしょうか。それとも、赤ちゃんが姿を現したこの世界は、これまでとは異なる輝きに変化したのでしょうか。

望まない妊娠、という言い方はしないでほしいという意味で、ときに、思いがけない妊娠という言葉に言いかえられます。

一方で、望んでも叶えられない妊娠というものが、見えない形ですが、確かに私を苦しめました。

でも、望まない命なんてひとつもないのです。

待ちに待った赤ちゃんの誕生を、私は大興奮で母に伝え、ふたりで大喜びをしました。今日はお祝いです。母が〝ばぁば〟になった日でもあります。ばぁばにも力をつけてもらうために、ふたりでご馳走を食べようということになりました。母と一緒に食事しながら、息子の誕生をお祝いできるなんて、こんなしあわせな時間がくるなんて、ほんとうに夢のようでした。

誕生日から1枚ずつの写真を撮って、1冊のアルバムにまとめてくれるアプリがあります。息子が生まれてからの1年間を撮り続けました。

病院から「生まれました」と連絡があった日から撮り始めましたから、息子と出会うまでの5日間は、私たち家族が待っている様子を撮り収めています。

その記念すべき第1ページ目は、もちろん、近くのレストランでお祝いをしているばぁばの写真です。

僕たちが救われた

大阪での舞台公演を無事に終え、産院へと向かいました。

「パパも一緒にお迎えに間に合うように」という策略で、生まれてくるタイミングを図っていたとしたら、たいしたものです。

ベビーシッターの仕事で、赤ちゃんのお世話はそれなりに慣れているつもりです。でもさすがに新生児は、ちょっとまちがったところを押さえたら、こわれてしまうのではないかというくらい、ちいさくて繊細でした。

そのちいさき者が放つ存在感の大きさといったら。ここに確かに、命があるという存在の重みが「家族がひとり増えた」という喜びと、「親としてこれから責任を果たしていくんだ」という思いを新たにさせてくれました。

不妊治療をしていた頃の暗く長い道のり、子どもを欲しいと思うのはエゴかもしれないという葛藤、育ての親としての資格と覚悟はあるのかという重圧。

このちいさな存在を前にして、これらのすべてから救われていくような感覚に包まれました。

育ての親としては、子どもを救う存在であるべきなのかもしれません。でも確かに、息子と出会えて、救われたのは僕たちだったのです。

産声が録音されたアルバム

産院では、そこで出産した産婦さんに渡されるプレゼントを一式いただきました。「出産おめでとうございます」と書いてあります。

生まれたときの写真と足形を収めた見開きのアルバムには、録音された産声が聞けるスイッチがついています。他にも赤ちゃん用の救急箱セットやグッズもいただきました。

私たちが迎えにくるまでの5日間は、産院の看護師さんがみんなでお世話してくださっていて、5日分の写真や動画もたくさん撮ってくださいました。

看護師さんたちは、私たちが迎えにくるまで「この子の運命はどうなるのだろう」と心配なさっていたそうです。

だから、私があげたミルクを上手に飲んだとき、みなさんとても安心して、涙を流して喜んでくれたのです。

看護師さんからいただいた写真や動画をみていると、生まれて5日間の貴重な期間を、大事にしてくださったことが伝わってきます。


ミルクを飲ませた後は、新生児聴力検査など一般に行う新生児の処置や検査についての説明を受けました。まだ苗字は違うので、何かにつけて委任状へのサインが必要です。今後もたびたび委任状は必要になるということで、たくさんの枚数をいただきました。

こうした書類や領収証のやりとりも団体の方がてきぱきとサポートしてくださり、スムーズに進みました。


産院には産みのお母さんの出産費用と、それまでの妊婦健診の費用をお支払いしました。

国から支給される出産育児一時金は直接産院に支払われていますので、それを除いた額になります。団体にお支払いする費用については、この他に登録費や研修費、必要経費があります。すべて合わせても大きな費用負担ではなかったと感じています。

ただし、子どもを迎えるために必要な手続きや研修などの費用は、各団体によって幅があります。産みのお母さんへの支援の方法を始めとする、団体の運営方法によって、金額が異なることは理解できます。同じ団体でも必要な金額が異なることもあるとは思います。しかし、将来的には、こうしたあっせんに関わる費用については、ある程度は国に保証していただくほうが、費用への不安も少なくなりますし、団体も安定的に運営をしていけるのではないかと思いました。

赤ちゃん、通りますから

産院を後にすることになりました。いよいよほんとうに赤ちゃんと私たちだけになって、初めて外に出るのです。

アメリカの養子縁組のことが描かれた『ねぇねぇ、もういちどききたいな わたしがうまれたよるのこと』（偕成社）という素敵な絵本があります。

その中に、赤ちゃんを病院から連れて帰るとき、お母さんが「よらないで、よらないで」というポーズで赤ちゃんを守ろうとする姿が描かれています。

まさに、その場面のようでした。

「いまから新生児が通りますから！　気をつけてください」と、誰も私に近づかないでほしいと言いたくなるようなシーンです。

病院から外に出ると、空気のことも気になります。この子が初めて吸う外の空気。

「きれいかな？　排気ガスは大丈夫？」

この、初めて地球にやってきた、新しい命を迎える環境は大丈夫なのだろうか。そんな地球環境問題のことまで思い浮かびます。

車に乗せたらそこでは、

「車の振動はどうかな？」「どこか痛くないかな？」とあれやこれやと気になります。

そんな私の心配をよそに、息子は車の中でもまったく泣きだしたりせず、うとうとしたり、目をパチパチさせたり。

自分の運転する車にわが子が乗っている！

まだまだ実感はわきませんが、振り向けばちゃんとそこにちいさなかわいい姿がありま
す。早くもっと抱っこしたい、ずっとずっと見ていたい。

運転している時間ももどかしい、しあわせな帰り道でした。

何だか浮足立っているので、早く帰って落ち着きたいと思いながら、いつもの何倍も気を引き締めて安全運転で帰りました。

第５章

子育ては楽しい

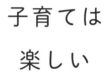

待ち構えていた家族

お昼すぎに家に着くと、父、ターザン、兄夫婦や甥《おい》や姪《めい》たちが待ち構えていました。次々と抱っこしてくれて、大歓迎です。

みんなかわいい、かわいい、の大合唱です。

息子は家に着いてからもまだすやすや寝ていたので、しばらく寝かせておきました。その寝姿は、いくら見ていても飽きません。ずっと見つめていました。

なんてしあわせで平和な時間。と浸っているうちに、授乳の時間です。3時間おきの授乳をベースにした、24時間体制の育児が始まりました。

息子も泣き声で知らせる赤ちゃんらしい行動にでます。なかなか泣きやまないこともしょっちゅうです。

育児の記録はノートに記していきました。この頃は何時に何をしていたか、細かく記録に残っていますが、記憶のほうはひたすらめまぐるしい日々でした。

第5章

子育ては楽しい

ママがいない日は眠れない

0歳児の頃の育児ノートを見ていると、どんどん記憶がよみがえります。「この日はなかなか寝なかった」とか、自分たちで書いておいたコメントを読むのも懐かしいです。

息子が来てからまだ間もない頃、妻が以前から決まっていた仕事で2泊3日のロケに出かけなくてはならない日がありました。

僕も全力で育児をしていましたが、この頃はまだまだママから離れたくない時期です。妻が不在となった1日目の夜は、まったく眠れなかったようで、朝の7時までグズグズでした。

明け方の自宅、抱っこしてもトントンしても、まったく眠ってくれません。僕も限界になり、ちょっとばぁばに助けを求めようと思いました。さすがにみんな寝ているだろうとは思いつつ、近くの妻の実家に移動することにしました。

ところが、気分が変わったのか、いよいよ疲れたのか、抱っこして実家のソファに僕が座ったとたん、息子はようやく寝てくれました。朝、起きてきたばぁばは、僕たちをみて、驚きながらも、うれしそうにしてくれました。

そんなこともありましたが、生後1カ月くらいから、夜はぐっすり眠るようになりました。そうなると今度は、ミルクの時間を守って起こしたほうがいいのかどうか迷います。でも飲む量もしっかり増えていたので、徐々に息子の生活のペース、欲しがるペースでミルクも飲むようになりました。

そのうち、夜はまとめて6時間くらい眠ってくれるようになったので、授乳はだいぶ楽になりました。

その他の成長も、順調でした。

最近は赤ちゃんの成長スケジュールを教えてくれるアプリがあります。誕生日を登録すると、「この時期に寝返りができるようになる」なんてことを表示してくれます。

わが家も使ってみました。育児マニュアルは意識しすぎないようにしていますが、楽しみのひとつとして登録しました。

　すると、息子は、だいたいアプリのお知らせ通りの成長を見せてくれるのです。妻が「マニュアル男だね！」なんていって笑っていました。

ブランシュとの最期の日々

　じつは、息子を迎える少し前、私が長年生活をともにしていた、白いフレンチブルドッグが病を患っていました。

　名前はブランシュ。「白」という意味のフランス語です。宝塚時代から、ずっと私のそばにいてくれたブランシュは、やはり大事な家族でした。

　ブランシュの心臓の近くに腫瘍が見つかったのは、息子を迎える数カ月前。そこからは、ずっと闘病生活でした。育児が始まった初夏、ブランシュはかなり衰弱していたのです。

　息子が来てからすぐ、ブランシュは動物病院に入院をしました。そこを2週間で退院することになったのは、「もう危ないです」という連絡がきたからです。

慌てて迎えに行きました。薬も3日分しかもらえなかったので、長くはないということです。病院から連れて帰る車の中、ブランシュとは最後のドライブかもしれないと切なくなりました。

自宅に戻ってからは、リビングに病院からレンタルした酸素室を置いて、ブランシュはその中で生活することになりました。

寝たきりのブランシュ。4時間おきに寝返りをうたせて、スポイトでご飯を食べさせてあげました。

酸素室の中は温度が上がってしまうので、保冷剤を入れて冷やさなくてはなりません。それを取り替えるたびに、中も掃除をします。保冷剤をかえて、おむつを取り替えて、おしりをふいて、ご飯や水をあげて。もちろん、息子の3時間おきの授乳の合間にそれをこなします。

思えば、息子がぐっすり眠るようになったのは、ブランシュが退院して自宅に戻ってきてからです。もしかして、ブランシュのことで忙しい私を気づかってくれたのかな、と思います。余計な世話をやかせないようにしてくれたのかもしれません。

こんな状態が1カ月ほど続きました。その看病が功を奏したのか、ブランシュはすごく元気になってきたのです。退院するとき、もう命はもたないといわれたのに。

そのうち、酸素室から出ても大丈夫になってきました。それでも歩けないので、這って移動しています。どこに行くかと思ったら、息子に近づいて、前足で息子の足先やおなかをトントンしているのです。その様子は、病気でつらいはずの体でも、息子のことを気づかっているようでした。

ブランシュは本当にやさしい子なのです。

退院して2カ月後には、なんと散歩もできるようになりました。息子も一緒にみんなで出かけた散歩は、一生の思い出です。

それが最後の命の炎だったのかもしれません。

その年の9月末、ブランシュは11年の生涯を終えました。

精一杯の看病も介護もできたから、悔いはないけれど、もっと楽しい時間を共有したかったと、いまでも思い出すと涙が出てきます。

ブランシュは、私が赤ちゃんを迎えるのを待っていてくれたのかもしれません。私が満たされていて、忙しくしている時期でないと、心配で天国に逝けなかったのだと思います。

いま息子は、ブランシュの写真を見ると、指をさして「ぶーちゃん、ぶーちゃん」とつぶやきます。一緒に遊んだ記憶があるのです。

短い期間だったけど、息子とブランシュが触れあうことができて、ほんとうによかったと思います。

『早春賦《そうしゅんふ》』の子守歌

寝かしつけの方法は、その時々によってブームがあります。0歳時代は子守歌でスーッと寝てくれました。

一時期、とくに寝かしつけ効果が高かったのは、なつかしい唱歌『早春賦』です。

この歌は、私が宝塚音楽学校の入学試験のときの課題曲でした。これを歌って合格できた思い出の歌です。

「春は名のみの　風の寒さや〜」

来る春を待ちわびるけど、まだ風はつめたい。そんな切ない情緒あふれる歌です。うたってあげると、安心したようにスーッと眠ってくれました。

1歳を過ぎると、子守歌より絵本です。

つい最近まで、「ねんねしようか～」というと、絵本を持ってベッドに入って何冊か読んだら寝る。ということが続いたので、これがパターンになるのかなと思いきや、「ねんねしようか」というと、すぐに寝てくれるようになりました。

そこで安心していたら、今度は「ベッドに行きたくない」と踏ん張って、そのまま居間で寝てしまう時期もありました。寝てから、私たちがベッドに運びます。

いずれにせよ、自分が寝るときは、家族全員を自分のまわりに集合させたがります。夫と私はもちろん、フレンチブルドッグのキクも一緒。ばぁばが部屋にいたら、ばぁばも呼びます。

パパかママのどちらかが「寝かしつけておくからいいよ」と育児の分担ができません。夫が寝かしつけようとしているときに、私が洗濯物をたたんでいると、「ママ～」と呼ばれます。呼ばれたら「はい、行きます～」といって全員集合です。

家の中では息子はすっかり「ちいさな王様」です。息子がわが家にやってきてから、今では家の中のことは、すべて息子のペースでまわっています。

叱り方を考えた

2歳が近くなる頃から、イヤイヤ期という時期に入ってきたのでしょうか。やってはいけないよ、ということを選んでやっています。

「ダメだよ！」と叱られるのを楽しんでいるのか、またこっそりばれないようにやって、ニヤッと笑いながら、「ダメ！」と言われるのを待っています。

それがだんだんエスカレートして止まらなくなることもあります。

僕が「コラッ」という大きな声で叱ると、ようやくやめます。でも妻から「こわがっているみたい」と言われて、こんなふうにおどすような叱り方はよくないなと反省しました。

大きな声で叱るのはやめると決めて、一切やらないようにしました。すると、ある日ピタッといたずらが止まりました。

本当に悪いことをしたら叱りますが、大きな音や動作で「こちらは強い相手だ」と思わせてはいけないし、音や動作に恐怖感を持たせてしまってもいけません。

なので、最近は、あぶないところに登ろうとしたら、「それだめじゃなかった？考えてみて」と声をかけて、自分で決めることを促すようにしました。すると、ちょっとの間考えて、するすると降りてくれたのです。叱られたからやめるのではなくて、危ないからやめる、と自分で理解してくれたことがうれしかったです。

叱るときは、子どもの目をちゃんと見ながら、考えながらでないといけないなと思います。子どもへの関わり方は、実地訓練の連続です。

観察することが大切

ちょっとした反抗をするようになってきたので、どんなふうに伝えればいいのか、日々悩みます。

ただ、夫に机をバンと叩きながら「コラ！」と叱られているときに、すごくビクッとした表情をしたので、こういう叱り方はやめようと、ふたりで決めました。

叱り方にせよ、全般的な子育ての方法にせよ「これがすべて正しい」というマニュアルはないと思います。

外に判断を求めるより、子どもの表情や反応をよく観察して、ちょっといつもと違う様子があったら、その子に合う対応の仕方を模索していくことが大切かな、と思っています。最低限の礼儀は教えますが、基本は楽しく元気に成長していってもらえたら、それが一番です。

私たちの子育てに必要なのは、少しの時間と心の余裕かなと思います。1日は24時間しかないけれど、やることは仕事も家事も育児もあります。

だからといって、心に余裕がないと、子どもに対して、ささいなことにもイライラしてしまいます。

例えば、子どもが「自分で靴をはきたい」と言い出したとき、一度やらせてあげて、それを見守りながら待つ時間を持てれば、子どもの好奇心も、「自分でできた」という達成感も満たしてあげることができると思います。

時間に余裕のある人は少ないと思います。でもできる限り、子どもに向き合う時間と心の余裕は持っておくことが、マニュアルを頭に入れることよりも、大事だと思っています。

子どもそのものを見る

僕も、マニュアルや知識ではなく、一人の人間である息子と向き合うことが大事だなと日々感じています。

養子縁組の家族は、一般の家庭にはない、「真実告知」という課題があり、小学生になれば普通の家庭と違うことに疑問を持ったり、中学生くらいになれば自分のルーツを知りたくなるなど、そのときどきで親子で乗り越えていかなくてはならないことがあります。

一般の家庭では意識されないことですが、養子縁組家庭は、向き合わざるを得ないわけです。

言いかえるとそれは、僕たちにとっては、子どもとたくさん話し合う機会があるということです。

これから一緒に暮らしていく中で、それが、子どもとたくさん向き合い、対話して、お互いの気持ちや考えを理解しあう、有意義な時間になればいいなと思っています。

養子縁組家庭は、夫婦の間でもそういった会話の時間が必然的に増えます。

真実告知をどう伝えるか、子どもの悩みや質問に、どう答えるか、きちんと話し合っておかないといけません。

わかっていると思っていたのに、相手はわかっていなかったというすれ違いが重なるよりも、どこかで意見や気持ちを合わせておく、まったく同じでなくていいから、考え方を認めあっておくことが大事です。

それが、子育てにも反映されるのだと思います。

行政や裁判所の訪問

さて、息子を迎えたあと、団体とは、月に1回のレポート提出、というつながりになります。

写真を1枚添付して、息子の様子や育児のこと、質問などを送ります。何枚も撮りためた写真の中から「ベストショットを送ろう」と、選ぶのが楽しみでした。

自宅には、保健師の訪問もありました。これは一般の家庭でもあると思います。昔ながらのハカリを使って体重を量ってくれました。

他には、民生委員、地域の児童相談所の職員と児童心理司もしばらくの間、定期的に来てくれました。

また、特別養子縁組は最終的に裁判所で確定されることになります。その前までは試験養育期間といって、籍も入っていない「同居人」という状態です。確定が近くなると、裁判所の家庭調査員の訪問もあります。

そういうわけで、行政や専門職の方々がたびたび訪問され、私たちが親としてしっかり育児をしているか確認をしたり、相談に乗ってくれたりします。

親戚や近所の方、親しい方には、息子を迎えたことを知らせていますが、この試験養育期間は、まだ正式に籍に入っていません。法律上は、産みのお母さんが「やはり自分で育てます」とおっしゃれば、お返ししなくてはならない期間です。

そうなる可能性は低いとしても、産みのお母さんの権利を守る意味でも、制度の区切りをきちんと守ることは大切なことです。

ですから、すっかりわが家の中心で存在感を発揮する息子ですが、あまり広く知らせることはできませんでした。

そんな時期に訪問される方々は、息子の様子を見に来てくださっているわけですから、とにかく思いっきり息子のことを話せます。それがとても楽しくて、ついついお引き留めしてしまったかもしれません。

隠さなくてはいけない？

試験養育期間は、あまり外を出歩かないほうがいいかなと思っていました。でも、生後3カ月になると、いろいろなことに興味を持ち始めます。だからもっと、外の世界に触れさせてあげたいと思って、近所の広い公園にでかけることもありました。

そんなある日、息子をベビーカーに乗せて公園を歩いていたら、

「瀬奈じゅんさんですよね！」

と突然声をかけられました。

舞台の仕事は、そのときその場所に生身で出演していますから、これまで妊娠している様子がないことはわかります。なのに、赤ちゃんと一緒。ネガティブなニュアンスで勝手に記事になったりしたら、息子を傷つけてしまうのではないかと、心配になりました。

しかも、そのときはまだ試験養育期間ですから、何らかの形で表に出てしまうのは避け

たいことです。

ところが、そんなときに限って、声をかけられたり、「あっ!」という顔で見られたりすることが続きます。

スーッと方向を変えて隠れたりしますが、そんな行動を息子はどう思うだろうと考えはじめました。今はまだ気づかないとは思いますが「僕は見られてはいけない存在?」と思ったらどうしよう。

特別養子縁組制度の正しい知識を持っている方はまだ多くはないでしょう。それに、今はインターネットなどで勝手な憶測の情報を流そうと思えばいくらでも流せます。

確定後であれば自分たちの問題ではありますが、確定前なら産みのお母さんにとってもよくないことです。

確定するまでの期間は、あまり堂々と表を出歩かないようにしました。

さらに、今後のことについても考えました。確定すれば、これまでお知らせしていなかった仕事関係の方にも伝えることができます。

生後すぐのころはブランシュの看病もしていたので、仕事関係の方との食事や飲み会などは、ほとんどおつきあいできませんでした。

稽古が終わったらサッサと帰るので、「ちょっとつきあいの悪いタイプ」だと思われたかもしれません。

ほんとうは、うれしいことだから報告したいけれど、それができないのはちょっとしたストレスでした。

こんなことを思ううちに、法的にも親子になった後に表舞台に出るとき、どのように伝えればよいか考えるようになりました。息子に外から情報が入るのは、よくないことだと思ったからです。

確定してしまえば、公表するにしろしないにしろ、周囲の方にはお知らせして、堂々としていればいいと思います。

親が「私たちに血のつながりはないけど親子だよ」と伝えるのと、他の人が「血がつながっていない子ども」と言っていることが本人に伝わるのとでは大違いですから。

隠すことではないはずです。

嘘をついているわけではないけれど、ほんとうのことを言えないというのは申し訳ない気持ちになりました。しあわせなことを隠すのも限界があるので、1日も早く確定して、周りのみなさんに伝えられる日が来ることを待ち望んでいました。

審判確定で苗字も同じに

家庭裁判所から、養子縁組許可の申し立てが受理されたという連絡がきたのが、年明けすぐでした。ここから2週間の間、異議申し立てがなければ、晴れて確定ということになります。そして約1カ月後に待望の審判確定書が届きました。

この書面をもって役所に行き、入籍手続きをしました。

これで、法律上も家族になったのです。

自分たちと同じ苗字の息子の名前を見たとき、感動で胸がいっぱいになりました。

それまでは、病院でも違う苗字で呼ばれたり、委任状など書類の手続きも煩雑だったりしたので、何事もスムーズになることは助かりました。

形として一区切りついたことにも安堵しました。

一緒に暮らしはじめたその日から、もう心はすっかり家族でしたから、同じ苗字になったからといって、愛情の注ぎ方に変わりはありません。それでも、法律上でも同じ家族になったこの日は、私たちの大切な記念日の一つです。

肩の荷が降りたのは、周囲にも遠慮なくお知らせできるようになったことです。世間に公表するかどうかは置いておいて、とにかくこれまで伏せていた仕事関係者にもお知らせできることはうれしかったです。

まだ確定するまでは、子育て中ということも伏せていたので、仕事先の方々の誘いをお断りする理由を伝えることができませんでした。

でも子どもを迎えて、正式に家族になったことを伝えたら、「そうだったんですね！おめでとう！」とみなさんとても喜んでくれました。

産みのお母さんのこと

息子の顔を見ているときに、「産みのお母さんと似ているところがあるのかな」とも思うようになりました。

ほんとうのことをいうと、息子を迎える前は、どんな理由があっても産んだ子を手放すということが、理解できなかったのです。不妊治療に苦しんできたからなのかもしれません。

特別養子縁組で子どもを授かりたいと思っていながら、矛盾してしまうのですが、そんな感情も少し持っていたのは確かです。

だから、迎えた子どもには私のその感情を悟られないように、徐々に修正していければいいなと思っていました。

修正できるのかわかりませんが、その否定的な感情が、何かのきっかけで子どもを傷つけてしまってはいけない、という思いはあったのです。

少なくとも、物事がわかる年になってから真実告知をするときまでには、この感情をゼロにしなくては。少しでもそんな気持ちがあったら、息子が「ママは産んでくれたお母さんのことをよく思っていないんだ」と敏感に感じ取って、家族のなかでタブーになってしまうかもしれません。

でも、息子を迎えてから、一緒に幸せな日々を過ごすうち、産みのお母さんは命を育てるということに関して、本当に責任のある行動を起こしたのだ、と思うようになりました。

思いがけない妊娠をしてしまい、責任を持って育てられるかどうかわからない状況や事情があるならば、手放して、幸せに育ててくれる人に託す、という選択ができた、勇気のある方なのだと思います。

それこそ自分のエゴではなく、子どもの幸せを一番に考えた行動を取られたのだと思います。

自分のお腹を痛めて産んだ子どもを手放す。その苦しみを理解できていなかった。

そう思えると、初めに感じていた、手放すなんて信じられない、という気持ちは、無理に封印しようとせずとも、自然になくなっていました。

出産という命がけの行為で、元気な子を産んでくれてありがとうございます。

あのとき、この子を産むという勇気ある決断をしてくださってありがとうございます。

あなたの勇気のおかげで私たちは、かけがえのない家族として、息子と出会うことができました。

今は、産みのお母さんに対して、そんな感謝の気持ちでいっぱいです。

息子との日々を重ねていくにつれて、産みのお母さんまで愛おしく思えてきます。どこか遠くで息子の幸せを願ってくれている、大切な存在なのです。

自分の気持ちがこんなふうに変化するとは思いませんでした。今は息子に悟られるという後ろめたさもありません。

真実告知はちいさいときから少しずつしていこうと思っています。話がわかる年齢になったとき、ふたりの母がいることは、それだけたくさんの愛情に見守られている、とても幸せなことなんだと思ってくれたらうれしいです。

特別養子縁組をした育てのお母さんのなかには、子どもとともに過ごすうちに、まるで自分で産んだような気持ちになる方もいると聞きます。私の場合は、最後の不妊治療と決めたあの日、キッチンで夫婦で涙を流しながらさようならをしたあの子が、運命に導かれて今こうして私たちのところに来てくれた。そう思っています。

本当のお母さんって？

僕の場合、産みのお母さんに対しては、何より「命をつないでくれてありがとう」という思いです。男性だからなのかもしれませんが、妻のように複雑な思いを抱くよりも、ただただそこにありがとうという気持ちです。

直接お会いしてはいないので、どんなお気持ちだったかはわかりませんが、身を切られるような思いだったと想像します。

息子は家庭で育つことができて、僕たちは息子から幸せな時間をもらっている。だからこそ、産みのお母さんにも、この先、幸せになりたいと思えるような環境で、本当に幸せな人生を歩んでほしいと思っています。

そこまでの決断をしたからこそ、次はご自身が幸せになってほしいのです。

息子は僕たちが責任を持って育てますから、安心して新しい人生の一歩を踏み出してくれたらと思っています。

特別養子縁組はそのための制度だと思います。

養子縁組のドラマなどでは「本当のお母さん」という言葉も聞かれます。どちらが〝本当〟のお父さんとお母さんなのか問われたら、自分たちがそうでありたいという気持ちはあります。

しかし、産んでくれたお母さんがいるのも事実です。

今後、このことを息子に伝えていくとき、他にも親がいるということについて、どのような言い方が適切なのか、よく夫婦でも考えます。

「産んでくれた女性」という言い方もあります。でもその言い方だと、もしかしたら息子が傷つくかもしれません。どこか自分たちには関係のない人、という印象になってしまう気がするからです。感じ方は人それぞれで、案外その言い方のほうが頭を整理できるタイプの子もいるかもしれません。

でも僕たちは、やはり「産んでくれたお母さん」がいて、「いま一緒にいるお母さん」がいる。そういう言い方で伝えていこうと思っています。

実親の情報をどこまで共有するか

産みのお母さんの情報をどこまで養親に伝えるか。これもそれぞれの団体によって方針は異なるようです。

何も事情がなければ、生まれてきた家で普通に暮らしています。何らかの事情があるから、親が育てられない、という状況になったわけです。

その事情も様々あると思います。どんなに重い事情でもすべて養親に伝えるところもあれば、団体の判断で伏せられることもあったと聞きます。

子どもが大きくなってきてからの真実告知では、「産みの親はなぜ自分を育てられなかったのか」、その理由を子どもも知りたがると思います。

団体から養親への伝え方もそうですし、養親から子どもへの伝え方も、どのようにすることがもっともよいのか、そのつど考えていかなくてはならないと思っています。

「事情」以外にも知っておきたい情報があります。それは、遺伝的体質や病歴のことです。

かかりつけの病院では、息子が養子であることは伝えています。

しかし、たまたまいつもと違う病院に行ったとき、先に「お父様かお母様にアレルギーはありますか？」と聞かれました。養子であることは伝えましたが、実親さんの健康に関する情報は乏しいので、こういうとき、わからないとしか答えようがありません。僕たち夫婦は、団体が知る限りの情報を頂いていましたが、それでも十分とは言えない量です。

実親さんの病歴や体質、遺伝的な傾向などの情報について、より正確に把握するには、どうしたらよいのかということも、今後の課題かもしれません。

初めてのディズニーランドに大興奮

2歳の誕生日を過ぎた頃、初めてディズニーランドに行きました。

じつはそれまで私は、ディズニーランドを楽しむことができませんでした。人混みは苦手だし、乗り物に並ぶのも疲れてしまう、パレードもいまひとつ興味を引かれない……。

ところが、初めて息子と行ったディズニーランドは、最高に楽しかったのです！

子どもが喜ぶ姿を見ていると、こちらまでうれしくなり心弾みます。

夫はパレードを観るための場所取りで、1時間も並んでくれました。そんな姿も新鮮でした。

パレードは事前に一緒にビデオを観て予習してきたので、いざ目の前に近づいてくると、息子はまん丸に目を見開いてパレードにくぎ付け。踊るミッキーたちにいっしょうけんめい手を振る姿は本当にかわいくて、気づけば私も一緒になってはしゃいでいました。

あんなに苦手だったディズニーランドが、こんなに楽しくなるなんて！

子どもと一緒だと、こんなにも楽しみ方が変わるなんて！

息子の初めてのディズニーランドで大興奮したのは、私たちのほうでした。

息子が私たちに、新しい景色を見せてくれたのです。

これから山登りに行っても、海水浴に行っても、どこへ行っても、これまでとはまったく違う景色を一緒に見ることができると思うと、私たちの新しい世界が広がっていく喜びが満ちあふれます。

第 6 章

&family..

特別養子縁組を公表した理由

息子を迎えたばかりの頃は、世間に向けての公表をしなくてもいいなら、しないでおこうと思っていました。

ただ、私たちの仕事上、せざるを得ない現実があるとも感じていました。

公表しなければしないで憶測が飛び交います。不本意な噂をたてられるかもしれません。それならば、本当のことを自分たちの言葉で伝えることが、間違った情報や誤解を招かない唯一の方法。そう考え、公表することを決めました。

公表した後はインタビューや講演の依頼が相次ぎました。

これらの依頼を引き受けようと思ったのは、特別養子縁組という制度のことをひとりでも多くの方に知っていただきたいと思ったからです。

もし、不妊治療や何らかの事情で、子どもを産むことをあきらめなければならないとき、それでもその先に、「子どもを育てたい」「家族を持ちたい」という望みがあるなら、そこには、特別養子縁組という制度が選択肢のひとつとしてある。このことを知っていただきたかったからです。

私は、不妊治療をしているときに、特別養子縁組制度という、もうひとつの選択肢があることを知り、出口の見えない暗いトンネルに光が射したような気がしました。

それは治療のやめどきを決めるきっかけのひとつにもなりました。

特別養子縁組のことを正しく知ってもらえれば、ふつうの家族と同じように、幸せな子育てができる、絆の結ばれた家族になれる、ということがわかっていただけると思います。

公表すると子どもがかわいそう？

私たちのことがインターネットのニュースに取り上げられたとき、たくさんの方に「おめでとう！」とコメントをいただき、世の中は、血のつながらない家族のことも受け入れられるという人が多いのだなと、ありがたく思いました。

ただ、やはり「公表すると子どもがかわいそう」という意見もありました。「子どもが、自分が養子だとわかってしまうから」という理由でした。

特別養子縁組の団体では、「真実告知をする」ということを伝えています。その伝え方は、やはりちいさい頃から、少しずつ伝えることで、自然に受け止めていける子どもが多いといいます。

養子であることを隠しつづけることは、家族のなかで嘘があることになります。自分の出自を知ることは、子どもの権利でもあります。

そうした現在の共通認識はあまり広く知られていません。

特別養子縁組制度の正しい知識やその家族の様子が伝わらなければ、いつまでたっても誤解されたままです。

養子縁組のことをご存じの方でも、やはり漠然と「かわいそうな子」というイメージはつきまとっていると思います。

こうした世の中の反応を知り、「公表したのであれば、これを機会に特別養子縁組という制度のことをもっと知っていただく活動も始めたい」、そう思うようになりました。

特別養子縁組の歴史を知る

息子を迎えたその年の年末から、僕は特別養子縁組制度とは、どのようなきっかけで、どのような歴史があってつくられたものなのか、改めて自分のノートにまとめていく作業を始めました。

今の僕たち家族があるのは、この制度をつくり、実施してきた方々がいてくれたおかげ。そのことをありがたく思うようになったからです。

１９７０年代、宮城県石巻市で開業していた産婦人科の菊田《きくた》昇《のぼる》医師の元には、予期しない妊娠をした女性たちが、中絶手術を受けるため訪れていました。

当時は妊娠７カ月までの中絶も法律で認められていました。生まれてくるはずの命を奪うことに悩んだ菊田医師は、中絶をしたいという妊婦さんを説得して出産してもらい、子どもが欲しい夫婦に紹介したのです。

そのとき、嘘の出生証明書を書いたことから、医師法違反で業務停止になってしまいます。この事件は当時大論争になりました。そして、これがきっかけとなって、1987年に民法の特例法として特別養子縁組制度ができたということです。

その後、愛知県の児童相談所の職員でいらした矢満田篤二《やまんたとくじ》さんが、愛知の児童相談所でおこなっていた赤ちゃん縁組のことを、「愛知方式」と呼ぶようになったということも知りました。

矢満田さんは「赤ちゃんを乳児院に入れてはいけない」と、当時の児童相談所では前例のない、赤ちゃん縁組に積極的に取り組んで、行政にこの方法を広めた方です。

赤ちゃんの命を救うこと、救った命は子どもを育てたい夫婦がいる家庭で育てること。菊田昇先生や矢満田さんらが、人生を懸けて取り組んでくれたことが、いま僕たちの幸せな子育てにつながっています。

こうした方々がつないできてくださった制度なのだと、心から感謝しています。

「&family..」を立ち上げる

息子を迎えた翌年の2018年3月に、「&family..(アンドファミリー)」を立ち上げ、特別養子縁組の啓発活動を始めました。ホームページも開設し、試行錯誤しながら情報発信をしています。

ブログでは、僕が特別養子縁組あっせん団体職員や養子当事者、児童福祉の専門家などにインタビューをさせていただいたり、特別養子縁組に関する本や映画のレビューを掲載したりしています。

僕たちは、息子を迎える前に、特別養子縁組のご家庭の様子を知ることができたおかげで、前向きに進めていくことができました。

今度は、僕たちが特別養子縁組で子育てをしている当事者として、お伝えできることがあると思っています。

制度についての正しい知識や率直な思いをお伝えして、子どもを育てたいと思っている方に、選択肢のひとつとして知ってもらえたらと思いますし、親が育てられない子どもが、一人でも多く家庭で育つことができるようになってくれたらうれしいです。

そして、この活動を始めたもっと大きな理由は、息子が大人になったときに、世の中に特別養子縁組への理解が広まっていてほしいからです。

特別養子縁組が新しい家族のひとつのカタチとして、特別視されない世の中になってほしいと強く願っています。

これまでの章にも記しましたが、経験者である僕たちが、今の制度について思うことをもう少し綴《つづ》っていきたいと思います。

養親のハードルは高い？

特別養子縁組は子どものための制度ですから、「養親になるための条件は厳しいのでしょう？」と聞かれることもあります。

団体の審査では、収入や資産などの経済状況、両親となる人の健康状態、近くに親族がいるかどうかなどの養育環境を尋ねられます。

しかし、そこで求められる基準は、子育てできる範囲のものです。それよりも大切なのは、まずは「子どもを育てたい」という強い気持ちがあるかどうかです。

ここさえクリアできていれば、問題ないのではないか、一人の養親としてそう思います。

ところが、特別養子縁組に目を向けるご夫婦のなかには、審査のハードルが高いと思い込んでいて、あきらめてしまう方も多いと聞きます。

ほんとうは養子縁組できる環境にあるのに、その思い込みだけで尻込みされるのは、とても残念です。

はじめから、完璧な親でなければいけないと感じる必要もないと思います。

普通に妊娠して子どもを育てている方の多くは、妊娠期間中に徐々に覚悟がめばえ、赤ちゃんが生まれてから、少しずつ親としての経験を積み重ねていく、という成長の流れではないかと思います。

確かに僕たちも、「養親希望者は、子どもを迎える前から、親として完璧でなくてはいけない」というプレッシャーを感じたことはあります。

でも、はじめて親になるときの不安は、みな同じです。

悩みながら、戸惑いながら、子どもと一緒に暮らしていく時間の中で、少しずつ「親」になっていくのだと思います。

特別養子縁組に対しての、周りの理解やサポートがあれば、「特別養子縁組が自分にできるのだろうか」と迷っている方も、一歩踏み出せるのではないでしょうか。

「子どもが欲しい、育てたい」という真剣な気持ちさえあれば、特別養子縁組へのハードルを高く感じる必要はないのかもしれないと思っています。

家庭で育つ子どもを増やす

養親希望者はすべての団体の説明会に行ったり、面談ができたりするわけではありません。でもその団体との相性、担当者との相性もあるので、もし何か納得がいかないことがあるなら、他の団体をあたってみてもよいと思います。

また、複数の団体にかけもちで登録することを認めていない団体もありますが、僕たちがお世話になった団体は、かけもちしてもＯＫでした。

僕たちはかけもちしませんでしたが、その方針に賛成です。そのほうが、縁組が成立する件数も増えるのではないでしょうか。

それぞれの団体が、その団体の中だけで養親さんと赤ちゃんを結びつけるのでは、双方の人数に偏りがあると、いいタイミングで養親さんがいなかったりして、縁組のタイミングが遅れてしまう心配もあります。

子どもや赤ちゃんの愛着形成のためには、1日でも早く特定の保護者の家で育つことが求められます。

育ててほしい子どもはいるのに、適切な養親さんがいない、という状況があちこちで起こることは、子どもが家庭で育つことを、遅らせてしまっているように感じます。できれば、団体同士で連携していただくと、こうした事態が改善されるのではないでしょうか。

これからは、児童相談所でも特別養子縁組を積極的におこなっていくという方針とのことですが、この場合もぜひ自治体同士で情報共有していただくと、多くのご縁が結ばれる気がします。

その地域だけで養親を探すとなると、すぐに見つかるとは限りません。地域の壁を超えて、他県の養親希望者に託すこともできれば、結びつく親子の数は増えるのではないでしょうか。

待機をしているご夫婦は、みなさん、「いつでも準備できています」「託された赤ちゃんは大切に育てます」という気持ちで、待っていると思います。

そういうご夫婦に一人でも多くの子どもを託し、1日も早く、温かい家庭の中で子どもが育てるようになることを願います。

費用が統一されていれば

特別養子縁組では、産みのお母さんの出産費用など、縁組までに必要な経費は養親となる側が負担をします。団体によって、産みのお母さんへの支援の仕方も異なりますので、その費用の額が異なることは理解できます。

しかし、団体を選ぶ際、提示されている費用が異なることは、何となく疑問でした。参加する説明会の費用からそれぞれ違うので、それがどういう理由で異なるのか、よくわからなかったのです。

以前、「少しでも早く赤ちゃんを託してもらえるように待機のときに団体に寄付をした」というブログを読みました。ほとんどの団体は、良心的な運営をなさっていると思いますし、目に見えない必要経費もかかるとは思います。ですから、寄付はその団体が運営を続けていくためにも大切なことなのかもしれませんが、養親希望者が団体の方の顔色をうかがうような感じになるのは、あまりよくないと思います。

費用については、ある程度同じ算出方法でおこなうというルールがあれば、どこの団体にお願いしても内容は同じであるという安心感があると思います。

これからのこと

これから先、真実告知や小学校の生い立ちの授業など、課題はあるでしょう。一つひとつをどうクリアしていくか、という対策を練ることも大事ですが、その前に、「お父さんとお母さんはいつでも僕を見守ってくれている」と、絶対的な安心感を持ちながら育つことができる家庭をつくっていきたいと思っています。

親子できちんと話ができる関係であれば、この先、小学校や中学校に進んで悩みが生じたときも、よい方向に向かっていけるのではないかと思っています。

いつも自分に言い聞かせていることがあります。ある出来事があったとき、それが一般的にはネガティブに思えることでも、すぐに反応してネガティブのラベルを貼らないこと。必死にポジティブな材料を探すこととも違うのですが、その出来事を別の角度から見てみることで、どんなふうにも捉え直すことはできます。

みんなとは少し違う家族なのかもしれませんが、そのことをどう受け止めるかは、そのときの自分の心次第でもあります。

自分の個性として受け止めてくれて、そのうえで、人の痛みもわかるような、周りの人たちを助けてあげられるような子になってくれたらうれしいなと、まだ2歳の息子を前にして、そんなことを考えています。

幸せなのは僕たち

わが家に遊びにきてくれる友人、知人も息子をとてもかわいがってくれます。

みんな、養子縁組でわが家にきた息子に「よかったね。この家にきて幸せだね」と言ってくれます。

息子の境遇を考えると、家庭で育つことができて幸せだねという意味だと思います。そう言ってもらえるのはとてもありがたいことです。

でも、幸せなのは僕たちのほう。やっぱりそう思います。

そして、「息子がこの家にきて幸せかどうかは、いつか息子が感じることで、息子が決めることだよ」と伝えます。

そう言わずにいられないくらい、息子がわが家にきてから僕たち家族の生活は、毎日が輝いていています。

食事もお風呂も散歩も買い物も、息子といると笑い声があふれます。

時々グズッたり、わがまま言ったり、いたずらしたり。

僕も妻も、怒ったり、なだめたり、笑わせたり。忙しい毎日です。

夜寝るときもお昼寝のときも、小さな寝息をたてながら、すやすやと眠る息子の寝顔は、ほんとうに天使のようです。

こんな幸せな日々がくるなんて、あのとき、僕たち夫婦は想像もできませんでした。

ちいさな息子が、大きな幸せを運んできてくれたのです。この喜びが、息子に伝わるような毎日を送っていきたいです。

いまの生活は当たり前のように思えて、決して当たり前ではないことを、僕たちは知っています。つらく悲しいことも経験したからこそ、ありがたさがわかるのです。

養子縁組で子どもを授かりたいと思うのは親のエゴなのかと、思い悩んだときもありました。

それでも、何度でも言います。

「パパとママは、あなたと家族になれて幸せだよ」

「あなたがいてくれることが、パパとママの喜びだよ」

「あなたをずっと愛しているよ」と。

特別養子縁組は、子どものための制度であると同時に、親も子どもも、お互いに幸せになれる制度なのだと感じています。

息子も将来、何らかの思いを抱えるときは来るでしょう。でも自分を取り巻く人、世の中の人の考えが、僕たちのような家族を受け入れてくれるものであれば、悩みを少しでも減らしてあげられるかもしれないと思います。

僕たちが望むのは、特別養子縁組家庭で育った子どもが、特別視されないことです。さまざまな家族のカタチを受け入れてくれる世の中で、一人でも多くの子どもが、幸せに育ってくれることを願っています。

〈特別コラム〉

特別養子縁組で永続的な愛着の絆を

社会福祉士 元児童相談所・児童福祉司　矢満田篤二

赤ちゃんはオギャーと生まれてから、抱っこをされて、ミルクを飲んで、お世話をされながら成長していきます。

赤ちゃんは泣いてお母さんを呼びます。それは、お世話をしてほしいサインです。でもそれ以上に、抱き上げられて、やさしく声をかけられて、あやしてもらうという、心地よさや喜びを感じたいのです。

泣き声を聞きつけて、すぐ赤ちゃんに近づいてくれる「いつもの人」が、目をのぞき込んで、笑顔を向けてくれる、話しかけてくれることで満足したいのです。

甘えたい気持ちに応えてくれたとき、赤ちゃんは深い喜びを感じます。この繰り返しによって、「愛着の絆」はつくられていきます。愛着形成の専門家は、それを「サーブ&リターン」と説明されます。それを何度も何度も繰り返すことが大切です。

赤ちゃんは「いつもの人＝パパやママ」のことを「自分にとって大切な人」と認識することで、親との絆をつくっていくのです。もちろん、親のほうも赤ちゃんに触れて、お世話をすることで、愛おしさが募り、お互いに愛着の絆がつくられていきます。

お座りができたり、ハイハイができたり、よちよち歩きができるようになると、赤ちゃんは少し大人になって冒険に出ようとします。おもちゃを握りたくておヒザから離れたり、ハイハイでお友だちに近づいたり、葉っぱや石を拾いに行ったり、外の世界に興味津々になります。でも、アンテナはパパやママとつながっていて、時々振り返っては「自分を見ていてくれているか」確認します。

そこにパパやママの笑顔があれば、そこで安心感を得て、また外の世界に向かって、一歩、一歩、冒険をつづけていくのです。その冒険は、安全基地があるからできることです。

赤ちゃんをお世話して見守ってくれる人は、「自分にとって大切な人」であることが、心と体の発育にもとても大切なことです。この機会を赤ちゃんから奪ってはいけません。

昭和51年から、愛知県産婦人科医会は、全国に例のない「赤ちゃん縁組・無料相談」を開始しました。私は、それをお手本にして、昭和57年から、愛知県の児童相談所で、予期しない妊娠などの相談を受けたとき、産院で直接、産みの親から育ての親に赤ちゃんが手渡される、「愛知方式、赤ちゃん縁組」*を実施した元児童福祉司です。

世の中にはさまざまな事情で、産みの母親が育てることができない赤ちゃんがいます。しかし、その一方で、子育てをしたいけれど、なかなかお子さんが授からないというご夫婦もいます。

私が勤めていた当時から現在に至るまで、児童相談所で対応する、親が育てられない赤ちゃんは、乳児院で育てられるのが一般的です。

乳児院の保育士さんは、職務を超えた愛情で赤ちゃんをかわいがってくださり、頭が下がります。

しかし、3交代制の勤務を終えると、後追いをする赤ちゃんを振り切って、職場から離れなければなりませんから、このときがとてもつらいと、保育士さんたちは言っていました。

赤ちゃんに後追いをさせないというのは、保育＝保護・養育を、そこで一度やめてしまうということであり、それは、毎日、8時間ごとに保育士さんが交代するたび、繰り返し「愛着の絆づくり」が妨げられている状態とも言えます。

それでは、安定した愛着を形成することはむずかしいです。そのためにも、産みの親が育てられない赤ちゃんには、特別養子縁組で家族となり、温かい家庭で育ててくれる養親の存在が、とても大切であることをご理解いただけると思います。

乳児院に通っていた当時、「児童相談所の職員さんたちは、乳児院へ赤ちゃんを措置した後は、赤ちゃんの様子を見に来る人は少ないですね」と、園長さんや保育士さんたちから言われた言葉が胸に刺さりました。

こういう状況を改善するためにできた「愛知方式、赤ちゃん縁組」は、〝三方よし〟の制度です。

1つ目、妊娠・出産に悩んだ女性が、育てることができなかったという自責の念から解放されます。

2つ目、赤ちゃんは生後すぐから、永続的な親の元で育つことができます。

3つ目、赤ちゃんを託されて親になった方は、子どもを育てる喜びを得ることができます。さらにいえば、施設で保護して養育する場合に必要となる、国の予算を節減することもできます。そして、この支援に関わった方々が幸せな気持ちになり、このエピソードに触れた方もまた、喜びを分けていただくことができます。五方も六方もよい制度なのです。

このたび、貴重な体験記録を綴《つづ》ってくださった千田様ご夫妻の、その勇気に敬意を表し、心から厚くお礼を申しあげます。

この幸せに至るまでの、つらさも、迷いも、余すことなく記されていることに、とても感動しました。

おふたりは、とても思慮深い育ての親であり、「道を拓《ひら》く人」です。

育ての親としての覚悟をされたうえに、特別養子縁組という制度が世の中で理解されるようにと、さらなる覚悟でこの本を出版されました。

それが、我が子の幸せにもつながると信じて。

この本は、これからの特別養子縁組制度の理解と普及に、大いに貢献すると確信しております。

そして、一人でも多くの赤ちゃんに、「パパ、ママ」と呼びかけることができる家庭が与えられたら、その子たちもきっと感謝してくださることでしょう。

千田様ご一家、特別養子縁組家族のみなさん、そして日本中の、世界中の赤ちゃんの幸せを祈念いたしております。ありがとうございました。

＊参照・『「赤ちゃん縁組」で虐待死をなくす～愛知方式がつないだ命～』(光文社新書)

エピローグ　これからの家族の歩み

この度は、『ちいさな大きなたからもの』をお読みいただき、誠にありがとうございます。

特別養子縁組を語るとき、考えるときには、まず子どもの存在を念頭に置かなければなりません。

自分たちが置かれている環境がどんなものであっても、子どもたちは声を上げることができません。

だからこそ、今回コラムとして本書にご寄稿くださった、矢満田氏が長きに渡って訴え続けている「愛着」について、多くの方に今一度考えていただけたらうれしく思います。

普段、特別養子縁組について意識して生活される方はごくごく少数だと思います。

私たちも不妊治療を始めるまでは特別養子縁組を意識したことはありませんでした。

ですが、「愛着」は全ての方が関わる問題です。

誰もが、愛情を受けて育ち、やがて愛情を与える側になっていきます。

その当たり前に思える愛情を、受け取ることの出来ない子どもが確かにいるのです。

その、声なき子どもの要求に応える方法として最善とされている制度が、特別養子縁組です。


私たち夫婦が本書で伝えたいことの一つは、「家族になりたい」「子どもを育てたい」という夫婦二人の思いさえあれば、特別養子縁組はハードルの高いことではないということです。

まして、恥じることでも、隠すことでもなく、ただの家族のカタチの一つだと私たちは考えています。

この想いを伝え、広めていきたいと「&family..」を立ち上げました。

私たち夫婦の特別養子縁組との向き合い方として、「&family..」ウェブサイトの「想い」のページに当時の考えを掲載しております。
その全文を改めてここに記します。

2017年初夏、私たち夫婦のもとに待望の小さな天使がやってきました。

正確には迎えに行った。が正しいのですが、奇跡とも思えるこの縁はやはりやってきた。と言いたくなるのです。

実際に特別養子縁組をしようと決意するまでに一年ほどの時間をかけて、夫婦で話し合い不安なことも共有しながら、少しずつ前に進んでいきました。

ですが、生後5日の我が子を腕に抱いた瞬間にそれまでの不安は、希望や覚悟といったものに変わり、この子が私たち夫婦のもとに幸せを運んで来てくれたんだなと強く感じました。

私達が特別養子縁組を公表した際、温かい言葉をたくさん頂きました。

「素晴らしい決断」

「とても良いことをしましたね」

など、特別養子縁組についてご存知の方は、子どものための制度だということを理解して、このような言葉を下さったのだと思います。

特別養子縁組の主旨である、家庭を必要としている子どものために安定した家庭環境を提供するという側面を考えると素晴らしい決断なのかもしれません。

しかし、私たち「&family..」の願いは、「素晴らしい」「良いこと」と捉えられるのではなく、さまざまな愛のカタチ、家族のカタチが「当たり前に」受け入れられることなのです。


そのためにまず、特別養子縁組制度について、多くの方に正しく知って頂けるような活動を始めていきたいと思っています。

特別養子縁組は決して隠さなければならないようなことではありません。

これから特別養子縁組を考える方へのエールにもなれば幸いに思います。

一歩踏み出すのに必要なことは勇気だけではなく、正しい知識、情報ではないでしょうか。

現在、特別養子縁組の啓蒙活動をさまざまなカタチで行なっている方々がたくさんいらっしゃいますが、私達「&family..」もその一端を担っていきたいと、そう思っております。

これは、私たち夫婦の偽りのない想いです。

今でも変わることはありません。

しかし、同時に息子がこの活動をどう思うか、不安を感じているのも事実です。

まだ息子は自分の気持ちを伝えることができない年齢です。

私たちのことを、血がつながっているとか、いないとか、そのような視点では見ていないでしょう。

ただただ、父として。母として。

そんな息子の了解を得ず(得る手段がありませんが)公表後、このように活動を展開していく中、夫婦で決めていることがあります。

将来息子が物事を理解できるようになり、この活動について少しでも疑問や、不安、ネガティブなものを感じることがあれば、すぐにやめようと。


これから息子は、真実告知を徐々に理解できる年齢になっていきます。

息子の出生のことだけではなく、本書に綴《つづ》った、今日に至る夫婦の歩み、そしてそれぞれの人生を偽ることなく「真実」を伝え、これからの「家族の歩み」につなげていけたらと思っています。


つらいこともありました。

不妊治療最後の夜のことは、今思い出しても涙がにじみます。

しかし、全ての出来事が今に繋がっているからこそ、愛する我が子に出会うことができたと感じられるのです。

息子には「この涙は、幸せな涙なんだよ」と教えてあげたいと思います。

だって、あなたは私たちの人生の中で一番の「ちいさな大きなたからもの」だから。

２０１９年10月

瀬奈じゅん・千田真司

関連サイトや窓口

［特別養子縁組のことがわかるサイトはこちら］

●日本財団ハッピーゆりかごプロジェクト

https://happy-yurikago.net/

日本財団による「特別養子縁組」や「里親制度」の普及を目的としたサイト。里親・特別養子縁組に関する様々な調査報告書やイベント情報、妊娠相談窓口などが掲載されています。

特別養子縁組に関する様々な人々へのインタビューなども読むことができます。

● 厚生労働省「特別養子縁組制度について」
https://www.mhlw.go.jp/stf/seisakunitsuite/bunya/0000169158.html
普通養子縁組と特別養子縁組の違い、特別養子縁組の要件や成立件数などもわかり、特別養子縁組あっせん事業者一覧も掲載されています。
平成30年4月1日に施行された「民間あっせん機関による養子縁組のあっせんに係る児童の保護等に関する法律」を確認することができます。

● 法務省「民法等の一部を改正する法律（特別養子関係）について」
http://www.moj.go.jp/MINJI/minji07_00248.html
特別養子縁組は民法で定められた制度です。令和元年6月7日、民法等の一部を改正する法律（令和元年法律第34号）が成立しました（同月14日公布）。民法等の一部を改正する法律（特別養子関係）について確認することができます。

● 全国の養子縁組あっせん事業者一覧（平成31年3月20日現在 ＊家庭福祉課調べ）
民間あっせん機関による養子縁組のあっせんに係る児童の保護等に関する法律（平成28年法律第１１０号）に定める許可を受けたもの

・「医療社団法人弘和会 森産科婦人科病院」（北海道） http://mori-hosp.jp/
・「医療法人明日葉会 札幌マタニティ・ウィメンズホスピタル」（札幌市）
https://www.smwh.or.jp/
・「特定非営利活動法人 NPO Babyぽけっと」（茨城県） https://babypocket.net/
・「医療法人きずな会 さめじまボンディングクリニック」（埼玉県）
https://bonding-cl.jp/
・「認定特定非営利活動法人 環の会」（東京都） http://wa-no-kai.jp/
・「一般社団法人 アクロスジャパン」（東京都） https://www.acrossjapan.org/
・「社会福祉法人 日本国際社会事業団」（東京都） https://www.issj.org/
・「特定非営利活動法人 フローレンス」（東京都） https://florence.or.jp/
・「一般社団法人 ベアホープ」（東京都） https://barehope.org/
・「医療法人青葉会 神野レディスクリニック」（滋賀県） http://www.jinno-lc.com/
・「公益社団法人 家庭養護促進協会神戸事務所」（神戸市）
http://ainote.main.jp/wp/
・「特定非営利活動法人 みぎわ」（奈良県） http://migiwa.link/

・「特定非営利活動法人 ストークサポート」（和歌山県）
https://www.storksupport.net/

・「一般社団法人 岡山県ベビー救済協会」（岡山市） http://www.okayamaog.jp/

・「医療法人 河野産婦人科クリニック」（広島市）

・「医療法人社団諍友会 田中病院」（山口県） https://www.tanaka-hospital.jp/

・「医療法人聖粒会 慈恵病院」（熊本市） http://jikei-hp.or.jp/

・「医療法人社団愛育会 福田病院 地域連携室 特別養子縁組部門」（熊本市）
http://www.fukuda-hp.or.jp/

・「公益社団法人 家庭養護促進協会大阪事務所（許可日・令和元年5月13日）」（大阪市）
http://ainote-osaka.com/

・「一般社団法人 おきなわ子ども未来ネットワーク（許可日・令和元年6月7日）」（沖縄県）
http://okmirai.net/

＊このほか、同法の経過措置規定により、許可を受けていなくても事業を営むことができる事業者があります。詳細については、各都道府県までお問い合わせください。

［特別養子縁組・思いがけない妊娠の相談はこちら］

- SOS赤ちゃんとお母さんの妊娠相談

http://ninshin-sos.jp/yurikago_top/

熊本慈恵病院に設置された予期せぬ妊娠に悩む方のための相談窓口です。匿名で赤ちゃんを預かる「こうのとりのゆりかご」やそこに預けた赤ちゃんのその後の流れも紹介されています。

- 一般社団法人 全国妊娠SOSネットワーク

http://zenninnet-sos.org/

誰にも言えない、思いがけない妊娠をした方、いろいろな事情を抱えた方の相談窓口が掲載されています。自治体による相談窓口、民間団体による相談窓口があります。お悩み別の情報、適切な公的機関の紹介もあります。

- 一般社団法人 あんしん母と子の産婦人科連絡協議会

https://anshin-hahatoko.jp/

産婦人科医療施設が連携して特別養子縁組のあっせんを行う団体です。
さめじまボンディングクリニック(埼玉県)、神野レディスクリニック(滋賀県)、田中病院(山口県)、福田病院(熊本県)、・森産科婦人科病院(北海道)、・札幌マタニティ・ウィメンズホスピタル(北海道)、が特別養子縁組取り扱い医療施設として参加しています。

● 一般社団法人 全国養子縁組団体協議会

http://www.adoption.or.jp/

全国の民間団体や病院など10団体が参加しています。

妊娠に悩む方や、子どもを育てたい人、養親さん、養子さんへの情報も掲載されています。

養子縁組
家庭の
幸福度

育てて良かった 育てられて良かった

振り返ったとき、良かったと思える子育て

［子どもを育てたことについて］ (n=293人)

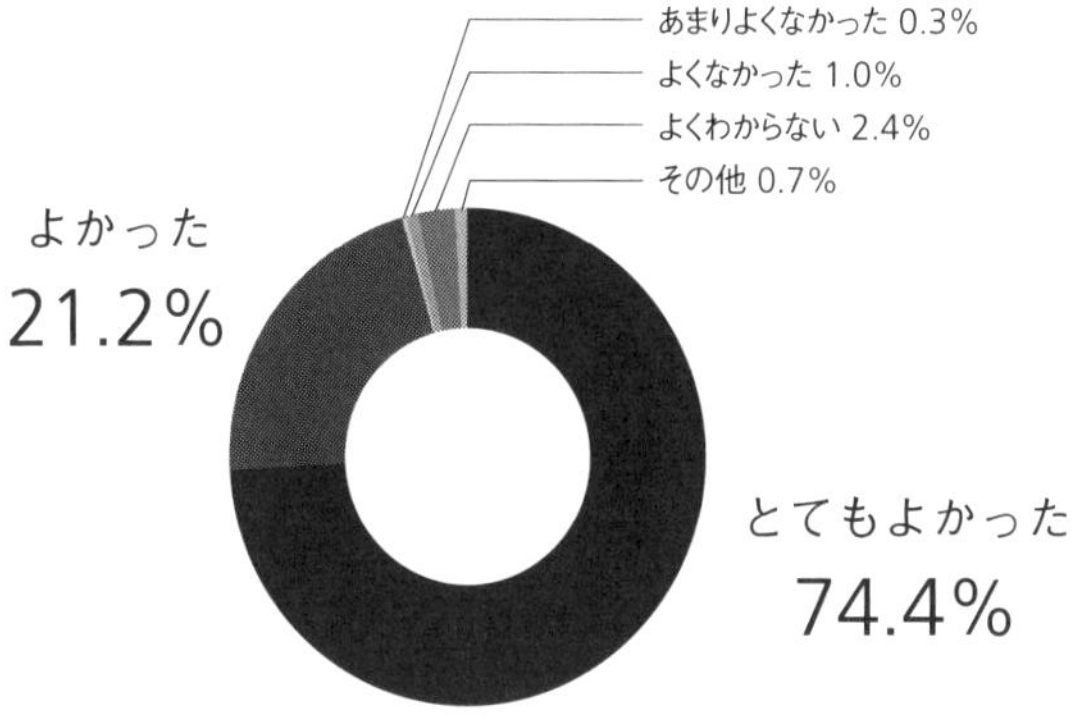

［父母に育てられたことについて］ (n=199人)

ほとんどの親子が
お互いに家族に
なれて良かったと
感じています。

日本財団「子が15歳以上の養子縁組家庭の
生活実態調査（2017年4月公開）」より

社会背景

日本には、さまざまな事情で産みの親と暮らすことができない「社会的養護」の子どもたちが約4万5千人います。こうした子どもたちは、産みの親ではなくても温かい家庭の中で育つことが望まれています。しかしながら、日本の社会的養護は、近年まで乳児院や児童養護施設などの施設養育が8割を超え、里親やファミリーホームなどの家庭養育は2割以下に留まっています。

こうした中、親と子が戸籍上でも一生の親子となることができる特別養子縁組制度は、永続的な解決方法のひとつとして、優先的に選択されていくべきとされています。

2016年に公布された改正児童福祉法、その理念を実行するための『新しい社会的養育ビジョン』においても、子どもにパーマネンシー（永続的解決）を保障する特別養子縁組の推進が方針として示されています。

また、2019年6月には、子の対象年齢を「原則15歳未満」に引き上げることなどを柱とする改正民法が成立しました。養親となる方の負担が重いと指摘される手続きの改定も行われ、今後は子どもたちが家庭で育つ機会が増えていくことが期待されています。

（編集部作成）

瀬奈じゅん

Sena Jun

元宝塚歌劇団月組トップスター。1992年宝塚歌劇団に入団。2009年に退団した後は女優として活躍。舞台やテレビ番組、ラジオなど多方面で活動し、2012年菊田一夫演劇賞、岩谷時子賞 奨励賞をW受賞。千田真司氏と結婚後は特別養子縁組で子どもを授かったことを公表し、シンポジウムなどで積極的に講演を続け「特別養子縁組制度」について理解を広める活動を行っている。現在は仕事と育児を楽しむ日々を送る。

千田真司

Senda Shinji

2008年「さらば我が愛、覇王別姫」にて舞台デビュー。俳優、ダンサーとしてキャリアを積み続ける。現在は出演だけでなく振付師としても活動しながら、自身の主催するダンススタジオ「FABULOUS BUDDY BEAT」を運営するなど幅広く活動中。(https://fabulous-bb.jp/) 結婚後、特別養子縁組で授かった子どものパパとして育児を楽しむ。2014年チャイルドマインダー取得。2018年にandfamily株式会社を立ち上げ、特別養子縁組の啓蒙活動を始める。

ウェブサイト

「&family..」

さまざまな愛のカタチ、
家族のカタチが
当たり前に受容される社会を理想とし、
実現させる為、活動を拡げていきます。
何事もはじめの一歩から。

https://andfamily.jp/

ちいさな大きな たからもの

特別養子縁組からはじまる家族のカタチ

2019年12月12日　第1版第1刷発行

著者 瀬奈じゅん・千田真司
構成 林口ユキ
撮影 長谷川美祈（カバー・P4～P8）
DTP 山口良二
ブックデザイン アルビレオ
発行人 宮下研一
発行所 株式会社方丈社
〒101-0051 東京都千代田区神田神保町1-32 星野ビル2階
TEL 03-3518-2272 FAX 03-3518-2273
ホームページ http://hojosha.co.jp

印刷所 中央精版印刷株式会社

ISBN 978-4-908925-56-6